共生社会とナショナルヒストリー

歴 史 教 科 書 の 視 点 か ら

岡本智周

勁草書房

はじめに

本書の目的は、歴史教科書問題の構造を理解し、その構造に対して取り得る一つの構えを提示することである。

韓国や中国とのあいだの歴史認識の対立の問題や、沖縄戦に関する表現についての社会的議論など、歴史の捉え方をめぐる人びとの意識の葛藤は、二一世紀に入ってからもなお重ねられている。歴史認識を構築するものとしての歴史教育の内容や方法についても、教科書検定や採択制度のあり方に対する問題提起を含めて、議論が止むことはない。マスメディアでは取り上げられていない論題にも目を向ければ、歴史の認識と教育に関する対立点は無数に拾っていくことができる。人びとが歴史を共有する際に生じる摩擦は、いわば社会問題として、常に存在し続けるもののようである。

そのように引き続く問題の構造を理解するために、本書では歴史教科書をめぐる社会的議論の経緯をたどり、学校歴史教育の基本的な性格について考えてみたい。最終的には、学校歴史教育で採用されている、国家・国民の単位で語られる「ナショナルヒストリー」という語り口がもたらす問題に焦点を定めていくことになる。人が歴史なるものを認識する時、「国ごとの歴史」という認識枠に則ることはどの点においてどこまでが妥当なのか、というのが本書の問いである。

その際、歴史の語り口の問題を考えていくための補助線として、本書では「共生」の概念を活用する。日本社会では一九九〇年代以降に共生に関する社会的言説が増加し、二一世紀に入ってからは行政用語としてもこの言葉が定着した。その動きは教育の分野にも及んでおり、二〇〇八年から二〇〇九年にかけての学習指導要領改訂では「共に生きる力」が重要な概念として位置づけられるに至った。そのように上から降ってくる言葉としての「共生」には、困難な状況を適当にやり過ごすための役割が託されているだけだとする批判も強い（第四章参照）。しかしそれが社会的に要請される背景には、この言葉が元来もつ、現状を告発し現状への再考を促す意味合いへの期待もあると思われる。本書では教育資源としての共生概念の可用性を考えることによって、歴史認識をめぐる対立の構図を捉え直す筋道を提示したいと考える。

結論としては、ある者と別の者との認識の対立があった時に、片方がもう片方を凌駕しようとするのではなく、対立している認識の枠組みがいかなるものであるかを、両者が対象化し理解することの効用を、主張することになる。その際、両者で統一の認識を打ち立てようとするのでもないことが肝要となる。人間は異なる複数の社会の位相を同時に生きられる存在だとする含意を「共生」の概念からは引き出せるのであり、対立が存在するのがどの位相の社会であるのか、またそれを捉え直す位相とはどのような関係にあるのかを把握できることが、歴史教科書問題に対する一つの構えとなり得る。

以上のような議論を、本書では第三章から第五章にかけて行う。第一章と第二章では、その前段を準備することになる。

第一章ではまず、二〇一〇年代の日本の中等教育で使われる新たな歴史教科書の内容を検討する。日本の教科書は常に更新され続けるものでもあり、二〇〇八年から二〇〇九年にかけて告示された改訂学習指導要領に対応した新たな教科書では、従来とは異なる歴史の伝え方が示されてもいる。「わが国」の歴史を伝達することを第一の目的とする従来どおりの語り口が存在する一方で、国民社会の外側に広がる人間社会を描こうとすることが、もう一面の特徴となっている。そうした歴史の描き方では「国家」もまた歴史の産物として扱われる。現在の国家や国民という枠組みを過去に素朴に当てはめる歴史の語り方が見直され始めていることに留意したい。

そのような現状に至るまでの前史として、教科書問題の論点の推移と歴史教科書の記述の変遷を整理する作業を第二章で行う。そこからは、学校歴史教育の基調が一九五〇年代には国民社会の再建に、一九七〇年代後半からは世界社会への接続に据えられ、さらに一九九〇年代から二〇〇〇年代にかけては、国民社会の相対化と再定位のせめぎあう状況が生じたことを確認できる。併せて、歴史教科書が次第に情報を精緻化させてきたにもかかわらず、独特の語り口をもつがゆえに生じる隘路を指摘することになる。

第三章では、学校歴史教育で広く採用されている歴史の語り口がなお「ナショナルヒストリー」である事実に改めて光を当て、それがいかなる点で歴史認識をめぐる社会的葛藤の源となるのかを整理する。ヨーロッパやアメリカの教育分野で進行した出来事も参照しながら、特定の枠組みに準拠した歴史像を用意する社会制度の存在についても考えてみたい。その延長線上に、教育分野への共生概念の導入の意味を検討する第四章が位置づくことになる。「共生」の原意を整理するとともに、社会意識の側ではこの言葉がいかに意味づけられているのかを提示する。

これらの作業を通して、今日的な社会環境および教育環境における「ナショナルヒストリー」という語り口の意味について省察し、最後に第五章において、学校教育で採用され続けるこの認識枠が教育的意義に結び付く筋道は現状ではいかなる意味であり得るのかについて、若干の考察を加えることとする。主に世界史教科書に新たに登場した情報、および、琉球・沖縄史に関する教育的知識の展開に着目する。

本書で把握されるのは、学校教育に期待される社会化機能に照らした際の「ナショナルヒストリー」の位置と限界である。そして、その限界についてのメタ認識を獲得すること、すなわち「歴史がナショナルヒストリーとして語られ、教育されていること」を学ぶという点に、歴史の学びの別なる意味と可能性が期待できることを指摘したい。

共生社会とナショナルヒストリー／目次

歴史教科書の視点から

第一章　二〇〇八―〇九年の学習指導要領改訂がもたらしたもの

1　二〇一〇年代の教科書の刷新

日本の初等中等教育では、文部科学大臣の検定を経た教科書、もしくは文部科学省が著作の名義をもつ教科書を使用することになっている。文部科学省著作教科書は、現状では、履修者数の少ない一部の科目のために発行されるものであるため、日本で使われる教科書の大部分は検定教科書だということになる。かつて二〇世紀の前半期には教科書の国定制度が採られ、遡って明治の最初期には自由発行制度が行われていたが、検定制度は両者の中間に位置する性格をもつといえる。民間の発行業者による裁量の自由度を一定程度確保しつつも、文部科学省による統制が発揮される仕組みとなっている。

教科書検定は各教科書に対しておよそ四年の周期で行われており、内容はその都度変化する。さらに、発行者の側から訂正の申請があった場合には文部科学大臣の承認のうえで訂正がなされ、表記表現といった面も含めて見ると、教科書の中身は実は頻繁に更新されている。同じ出版社の同じタイトルの教科書でも、数年前の先輩が使ったものとその後に後輩が学ぶものとでは、細かなところが異なっていることが往々にしてある。そうしたなかでも最も大きな変化となるのが、学習指導要領の改訂があった際の教科書の刷新である。文部科学大臣が教科書検定を行う際には教科用図書検定基準に則ることになっており、さらにその検定基準では、学習指導要領に示される事項に一致していることが基本的条件として掲げられているからだ。これはおおよそ一〇年ごとに行われている。

二一世紀に入ってからの学習指導要領の見直しは二〇〇五年から開始され、二〇〇八年に小学校・中学校、二〇〇九年に高等学校の改訂版が告示された。以後、この内容を反映させた新たな教科書が作成され、中学校用の歴史教科書としては七社が二〇一〇年度に検定を受け、二〇一一年度の採択を経て、二〇一二年度から使用開始された。高等学校用としては日本史A教科書が四社から四冊、日本史B教科書が二社から二冊、世界史A教科書が六社から九冊、世界史B教科書が四社から四冊作成され、二〇一一年度の検定を受けた(1)。これらは二〇一二年度の採択を経て二〇一三年度から使用が開始された。

ここではまず、リニューアルされた中学校用歴史教科書七冊、高等学校用歴史教科書（二〇一三年度用見本本）一九冊の内容を提示し(2)、二〇〇八―〇九年の学習指導要領改訂の反映の特徴を整理したい。

2 「沖縄戦」の描かれ方

まず見ておきたいのが、第二次世界大戦末期の「沖縄戦」の描かれ方である。二〇〇六年度に行われた教科書検定では、沖縄戦での住民の集団自決に対する軍部からの強制性を、文面から取り除かせる意見が付された。二〇〇七年三月にその検定結果が発表されると、集団自決という出来事の具体的な像をめぐる社会的な議論が高まったのである。その出来事を、二〇一一年度の検定を経た高校用教科書はどのように描いているのだろうか。

近代以降を扱う日本史Aでは、四冊のうち三冊が沖縄戦を詳述している。東京書籍『日本史A　現代からの歴史』、実教出版『高校日本史A』、第一学習社『高等学校　日本史A』では、一九四五年三月下旬のアメリカ軍の沖縄攻撃から六月末の守備隊の壊滅までを提示し、戦闘の激烈さ、状況の過酷さを表現する。一般住民が地上戦に動員されたことが説明され、その文脈で生徒たちが「鉄血勤皇隊」「ひめゆり学徒隊」に編成されたことが言及される。県民の犠牲者数は一五万人（東京書籍、実教出版）ないし一二万人（第一学習社）であり、そのなかに含まれる集団自決の犠牲者を「日本軍によって「集団自決」に追いこまれたり、スパイ容疑で虐殺された一般住民もあった」（東京書籍、一五二頁）、「日本軍は手榴弾を配るなどして、八〇〇人以上の県民を「集団自決」（強制集団死）に追い込んだ」（実教出版、一二八頁）、「日本軍は住民の投降を許さず、さらに戦時体制下の日本軍による住民への教育・指導や訓練の影響などによって、「集団自決」に追いこまれた人もいた」（第一学習社、一三〇頁）と描く。集団自決と軍部との関わりを表現する際の力点にはそれぞれで若干の違いがあるが、集団自決が住民の意思に反して強いられたものであることが言及されているといえる。その他、注釈や囲み記事を含めて紙面を有効に活用し、可能な限り詳細な沖縄戦についての情報を掲載しようとしており、これが現在の歴史教科書に表現される「沖縄戦」像の一つの標準といえそうである。

かたや、この出来事についての情報量を抑制していると思われる教科書も存在する。高校の歴史教育での採択率が最も高い山川出版社の日本史教科書は、近現代を扱う『現代の日本史A』と、古代からの通史を提示する『詳説日本史B』の双方において、本文では「沖縄戦」の開始と終結の時期のみを示し、状況の具体的な説明は行っていない。死者の数を「日本側は民間人約一〇万人を含む約二〇万人、アメリカ軍は約一万二〇〇〇人」（『現代の日本史A』一三三頁）、「軍民あわせて一八万人余り」（『詳説日本史B』三六六頁）と合算して提示し、一般県民の犠牲者数の詳細については提示しない。住民が犠牲となった理由については「島民を巻き込んでの激しい地上戦」（『詳説日本史

B』三六六頁）とのみ表現し、集団自決に言及しない点が特徴となっている。

明成社の『最新日本史B』も沖縄の状況についての情報は限定的であり、戦局を一定の角度から説明することに専念しているといえる。本文ではやはり沖縄戦の開戦から終結までの流れが説明され、そのなかで「一般県民の防衛隊を兵力に加えた守備隊が、軍民一体となって上陸米軍と激しい戦闘を続けた」（二六七頁）という表現がなされる。囲み記事では「沖縄の学徒隊」についてのコラムが設けられている。「沖縄県民が一丸となって交戦」したことが取り上げられ、「中学生は鉄血勤皇隊や通信隊を編成し、ある者は急造爆雷を背負って敵戦車に突入し、ある者は斬込隊となって敵陣に散り、ある者は弾雨の中で通信・伝令の任務を果たしながら勇戦した」（二六七頁）ことが強調される。「ひめゆり部隊や白梅部隊」も同様に軍民の一体性を表現する事例となる。犠牲者総数や集団自決については情報が提示されず、沖縄住民の国家への献身を評価する文章となっている。

山川出版社と明成社の日本史教科書では、説明する状況の論点を拡散させず、沖縄での戦闘の推移に歴史叙述の主軸が設定されていることになる。そのなかで住民の存在が取り上げられる際には、叙述の主軸に対して親和的な情報として、軍部と住民とが一体となって戦局に関わったことが選ばれることになる。明成社の教科書では旧版で既にこの傾向が確立されていたが、山川出版社の『詳説日本史B』では、二〇〇五年度の検定を受けた二〇〇七年刊の旧版においては、日本軍の戦死者と一般県民の犠牲者の数は別々に表現されていた。また、沖縄戦を解説する囲み記事の締めくくりには、「沖縄県は一九九五年、沖縄戦で亡くなった全戦没者（アメリカ側も含む）の名を刻印した

「平和の礎」を建設した」（三四三頁）という一文も存在していた。しかしこれらの情報は今回の改訂で姿を消している。

また、やはり山川出版社の旧版である二〇〇八年版の『日本史A』（二〇〇六年度検定済）では、「島の南部では両軍の死闘に巻き込まれて住民多数が死んだが、そのなかには日本軍によって壕を追い出されたり、あるいは集団自決に追い込まれた住民もあった」（二〇三頁）といった情報も存在していた。山川出版社の日本史教科書は、今回の改訂により情報の質と量をかなり整理し、沖縄戦記述についての一定の性格を明瞭にしたといえる。

二〇一二年度から使用されることになった中学校用の新たな歴史教科書についても、沖縄戦を語るストーリーラインには二つのタイプを見出すことができる。七社が出す七冊の教科書のうち五冊は、沖縄戦下の人びとの状況を多角的に表現し、したがって集団自決という出来事や、その原因となる軍部の関与を提示している。

たとえば帝国書院の『社会科　中学生の歴史』は、一頁分を沖縄戦の解説に当てている（二一七頁）。戦局の推移に留まらない、様々な角度からの沖縄戦下の状況の提示が行われている。「首里の街を進むアメリカ兵」というタイトルが付けられた写真には、「沖縄の日本軍本部が首里城におかれていたため、首里の街はアメリカ軍から集中的に攻撃を受けました」という、戦局理解のためにも重要な情報が含まれる。「ガマに向かって火炎放射器で攻撃するアメリカ兵」の写真を掲載しアメリカ軍からの攻撃を伝達するが、また別の写真には「沖縄中南部にはガマとよばれる多くの自然の洞窟があり、人々はふり注ぐ砲弾からのがれるためガマの中に避難しました。このガマでは一〇代の男女一三人が日本軍にわたされた手榴弾によって死に追いやられました」という具体的な状況を提示するキャプションが付されている。

「沖縄戦と家族」と題する囲み記事では「沖縄県では、家族が一人以上亡くなった家庭が多く、戦後は遺骨収集から始まりました」と述べられ、南風原町のある家族の家系図が例示されたうえで「南風原町では全一六九三戸中、一三四四戸に犠牲者が出て、そのうち二六九戸は一家全滅でした」と説明される（帝国書院『社会科　中学生の歴史』二一七頁）。集団自決をただ提示するに留まらず、その背景にある諸々の要素によって沖縄戦という歴史事象を再構成しているといえるだろう。

対して自由社と育鵬社の中学校歴史教科書は、ストーリーラインを単線的なものに絞る。四月から六月という戦闘継続期間が示され、日本軍と沖縄県民の「必死の防戦」が米軍に大きな損害を与えたとされる。その文脈で、若い兵士の捨て身の攻撃と沖縄の生徒の従軍が挙げられる。集団自決については、「アメリカの沖縄攻撃」による「民間人の大量犠牲」（自由社、二三五頁、二三八頁）、「米軍の猛攻で逃げ場を失い、集団自決する人もいました」（育鵬社、二一九頁）という角度からその理由が説明される。

以上のように、二〇一二―一三年版の中等教育用の新たな歴史教科書では、沖縄戦の描き方について複線的なストーリーラインを採るものと、単線的なそれを採るものとの二種が存在していることになる。ただし、高校の日本史教育において最も多く採択されている山川出版社の日本史教科書が後者の語り口に拠っている点には、留意する必要がある。

なお高校用の世界史教科書においては、科目の性質上、沖縄戦に潤沢な紙幅を費やすものは少ないが、しかしまったく取り上げていない教科書も、世界史A九冊のうち一冊のみであり、世界史B四冊のうちでも一冊のみであった。多くの世界史教科書では、第二次世界大戦の末期の重要な出来事として沖縄戦に言及しており、なかには戦略的位置づけや集団自決の背景を解説するものもある。たとえば実教出版の『世界史B』では、沖縄戦による戦死者数をアメリカ兵一万二五二〇人、日本軍約九万四〇〇〇人（うち沖縄県出身者約二万八〇〇〇人）、県民約九万四〇〇〇人と細かく提示したうえで、「そのほか一般県民の場合は、マラリアや栄養失調によって死亡したり、日本軍によって集団自決を強いられた人々や、スパイ容疑・命令不服従などを理由に殺された人々もおり、死者数は、当時の県民の約三分の一にあたる一五万人をうわまわるといわれる」（三六八頁）として、犠牲の背景と死者総数を掲載している。

また東京書籍の『世界史A』では、沖縄平和祈念公園の平和の礎の写真を掲載し、その解説として「戦争終結五〇周年を記念して建設され、墓碑には沖縄戦などで命を失った人々の名が、国籍を問わずきざまれている。刻銘はそれぞれの母語でなされ、二〇一〇年現在、その数は二四万人をこえている」（二七〇頁）と述べる。この情報は、山川出版社の日本史B教科書が新版に移行するに当たって削除した部分と同様の内容である。世界史の教科書で沖縄戦が取り上げられる際には、複線的なストーリーラインに載せられることが多いようである。

3 「琉球史」の描かれ方

二〇一二―一三年に発行された歴史教科書を見ると、沖縄戦を描き出すに当たって複数のストーリーラインを採用する教科書と、一本化されたストーリーラインを採用する教科書があることが見えてきた。中学校用教科書七冊のうち五冊が前者の傾向をもっており、高校用世界史教科書が沖縄戦を描く際にも多元的な情報で歴史事象を構成しようとする同傾向を指摘できた。一方、一本化されたストーリーラインを採る中学校用歴史教科書二冊と高校用日本史教科書では、沖縄戦に関しては戦局の推移に説明の主軸が設定されていた。その軸に関わる情報こそを伝えようとしているという意味で、その語り口は目的的だといえる。

こうした歴史の語り口の違いは、さらに過去に遡った歴史事象をどう描くかという点にも当てはまることになる。沖縄戦を描く際のものの見方は、そもそも琉球・沖縄という場所を歴史的にどう見るかということと連動しているからである。ここでは各教科書における琉球史の描かれ方を取り上げたい。

現在の日本の中等教育用歴史教科書では、琉球・沖縄史は一二世紀頃から描かれ始め、いくつかのポイントについて集中的に説明が施されることが定式化されている。多くの教科書では、一二～一三世紀の豪族の争いから一四世紀の三山への勢力糾合を経て、一五世紀の尚氏による琉球王国建国までをまず描く。併せて琉球と中国とのあいだで活発に行われた交易に言及されるが、その交流をどう整理するかというところに、語り口の違いが現れる。

また、一七世紀の薩摩藩による琉球侵攻が取り上げられ、その後の島津氏による支配と、江戸に向かう琉球使節の様子などが言及される。近代に入ってからは一八七〇年代が焦点となり、琉球藩設置から琉球処分に至るまでの経緯が語られるが、ここでまた出来事の整序と評価の仕方に、歴史を捉える観点の違いが表現されることになる。

中世の琉球について、複線的なストーリーラインを設定する教科書は、アジアの広大な海洋交易ネットワークを舞台に設定して話を進める。「琉球の船は東南アジアのジャワ島、スマトラ島やインドシナ半島にまで行動範囲を広げ、その産物を明や日本、朝鮮にもたらす中継貿易を行って、琉球王国の都である首里やその外港の那覇を中心に大きく繁栄しました」とするのは東京書籍の中学校用『新しい社会　歴史』（八五頁）であるが、ここでは琉球の経済圏を、明の海禁政策や日明貿易と関連しながらも独自の広がりをもつものとして描き出している。山川出版社の高校用『詳説世界史B』でも、「一五世紀初めに中山王によって統一された琉球（現在の沖縄）は、明との朝貢貿易で得た物資をもちいて東シナ海と南シナ海とを結ぶ貿易の要となった」（一八〇頁）というように琉球の位置を確認し、同時代のマレー半島に成立したマラッカ王国がインド洋と東南アジアを中継する貿易拠点となったことと並置して、東アジアからインド洋にいたる広範囲の交易空間を描き出すのである。

さらに、実教出版の高校用『世界史B』が「福建と南九州をむすぶ中継地として交易の拠点となった琉球では、グスク（城）が建設された」（二四一頁）とするように、琉球の社会空間を表現する様々な情報が入ることにもなる。中世の琉球におけるグスクの政治的役割、首里城の存在感、「おもろさうし」の主題などが取り上げられる。琉球という場所は、日本もしくは中国の政治空間の部分としてのみ存在したのではなく、複数の社会関係が重なる場所であったという点に強調点が置かれる。そのため山川出版社の『世界史B』は、一七世紀以降の琉球に関しても「薩摩の大名島津氏の攻撃をうけてこれに服属したが、中国への朝貢は続き、日本と中国とに「両属」する状態となった。そのなかで、日本・中国双方の要素を含む琉球独特の文化が、首里城を中心に形成された」（一九〇頁）と表現する。「両属」にカギ括弧が付くところに、琉球社会が特徴としてもつ複層性を描き出そうとする意図が示されているといえる。

このように、中世・近世の琉球社会は複層的なものとして捉えられ、あれかこれかの一元的な帰属では表現し得ないものとして描かれていることが少なからずある。そのためそれらの教科書においては、一八七〇年代の琉球処分に関わる歴史事象について単純な説明を行うことが難しくなる。一八七二年の琉球藩設置、一八七四年の台湾出兵、一八七九年の沖縄県設置という出来事を年表的に並べることで、近代日本政府による行政処分の経緯をさらうことはできるが、その点に付して日本文教出版の『中学社会　歴史的分野』は、「しかし清は、これを承認しませんでした」（一七九頁）と評する。教育出版の『中学社会　歴史　未来をひらく』も、「しかし、清はこれを認めず、日本との対立が続きました」（一五九頁）とする。さらに高校用の世界史教科書においては、台湾出兵に注釈を付けて、この時期の琉球という政治・社会空間をめぐって議論された「問題」の内容を次のように端的に提示する。

台湾に漂着した琉球島民が、台湾の先住民に殺害されたことを理由に、日本軍が台湾に出兵した事件。琉球島民は日本人か、台湾先住民は清朝政府の支配下にあるのか、という点が日清間で問題となった。（山川出版社『詳説世界史B』三〇〇頁）

一八七一年に台湾に漂着した宮古島島民が、台湾先住民に殺害されたことを理由とする軍事行動。琉球人は日本人か、台湾先住民は清の支配下にあるのかが問題となった。（東京書籍『世界史B』三二七頁）

中世・近世の東アジアにおける琉球の位置づけを考えれば、琉球処分は同時代の人びとにとっても、それをどのように理解し正当化し得るのかということ自体が、問われる課題であったと見ることができる。これらの教科書が提示しているのはまさしく、明治以降の歴史の一時点で「沖縄」や「領土」や「支配」についての見方・考え方自体が模索されたという事実である。そこには現在の人間が自明視している国民国家を単位とした世界認識の方法はなく、したがってその状況を現在からの枠組みで整理することには難しさがあることを伝えることになる。

翻って、沖縄戦を単線的なストーリーラインで描く教科書には、叙述にこのような複雑さは見出しにくい。日本国と一体のものとして沖縄を位置づけ、そこでの戦闘の推移を淡々と整理する観点からは、中世における琉球も整理しやすい対象である。自由社と育鵬社の中学校用歴史教科書では、一五世紀の中世の中山の尚氏による琉球の統一や、琉球が東アジアの中継貿易の拠点であったことは述べられるが、琉球王国の社会空間についての具体的な解説はなされない。一七世紀以降の琉球についても、山川出版社の高校用『詳説日本史B』は「二重の外交体制」（一八二頁）をその特徴として説明し、明成社の高校用『最新日本史B』は「ポルトガルなどにその利益を奪われて衰え、慶長十四年（一六〇九）には島津家久に征服された」（一四〇頁）とする。この教科書は続けて、琉球が実質的に島津氏の属領となったこと、薩摩藩が対明・清朝貿易を監督し継続させたこと、その許可は幕府から得られていたことを提示し、琉球の日本への服属関係を整理する（一四〇頁）。また、琉球から江戸幕府に派遣された慶賀使・謝恩使は紹介しつつも、琉球と中国との交渉史が扱われることがない。

琉球の存在はまず何よりも日本の一部分としてあったというのがこれらの教科書の前提であり、そのうえで、対中国貿易は日本側の監督のもとで継続されたというのが強調点になる。琉球と日本との関わり、琉球と中国との関わりのいずれが主であり副であるかがあらかじめ設定されているのがこの説明だといえる。結果として、一八七〇年代の琉球処分に関しても複雑な問題は存在しない。

「琉球島民は日本人か、台湾先住民は清朝政府の支配下にあるのか」が問われたという形での当時の状況の提示はなされないのである。この問いの後者に関しては、たとえば育鵬社『中学社会　新しい日本の歴史』が「清は、台湾での事件には責任を負えないという態度だったため、わが国は台湾に出兵しました」（一五六頁）とするように、台湾住民の行為に清朝が責任を負わないとしたことが強調されて理由づけられる。しかし前者の部分については説明はなされない。台湾住民による沖縄島民殺害が日本政府による琉球藩設置の前の出来事であることにもとくに言及はなされず、つまり琉球の人びとはこの時点で既に日本人であったという観点が、素朴に採用されているのである。

結果としてこれらの教科書では、明成社『最新日本史B』に見られるように、「琉球の帰属問題は解決されたものとして、明治十二年（一八七九）、わが国は琉球藩を廃し沖縄県を置いた」（一九六頁）となる。同教科書では注釈において補足的に、「清国は琉球処分を認めず」、交渉が続いたことが述べられるが、「日清戦争後、日本の主権が確認された」ことがすぐさま重ねて補われる（一九七頁）。また自由社の『中学社会　新しい歴史教科書』では台湾出兵について、「この衝突は、近代国民国家の観念をまだ十分に理解していない清と、日本との考え方の違いからおこった事件であった」（一六七頁）と提示している。その注釈においては、古代からの「華夷秩序」と欧米による「万国公法（国際法）秩序」とを対比させ、この時代の日本は既に後者に組み込まれていたと補われる（一六七頁）。「台湾・琉球や李氏朝鮮との間に摩擦」が生じたことを異なる秩序体制のせめぎあいとして整理しようとするが、このことはすなわち、歴史を描く側が叙述の観点として国民国家の枠組みをあらかじめ採用し、その枠組みを当てはめて往時の出来事を評価していることの表れでもある。

沖縄戦を単線的なストーリーで描く語り口は、ある種の情報を主軸に据えているという意味で目的的であったが、その語り口による論理構成は、中世以来の琉球史の描かれ方にも同様に作用しているといえる。その際、情報の取捨のためにあてがわれるのは、「わが国」という枠組みである。

4 「倭国」と「日本」の扱い

現代の国民国家を単位とした世界認識の枠組みを、過去にそのまま適用することは、歴史を書いたり伝えたりする営みで当たり前のように行われていることである。近代歴史学のそもそもの生い立ちが一九世紀ヨーロッパにおける国民集団の確立期にあり、歴史学は国民という社会的存在を実体化することを目的の一つとしたからだ。また歴史学の成果は学校教育という国家の専権事項ともされる社会制度で伝達されることによって、新たな世代の国民の形成を促す素材になってきた。太古の昔から現在に至るまで、比較的同質性を帯びた存在として国民がおり、そのような国民によって連綿と国家が存続してきたという理解を促すことは、学校歴史教育にとって自然な語り方だったのである。

しかし近年では、こうした国民国家史観を素朴に採用し続けることにも見直しの目が向けられ始めている。もちろん、あらゆる歴史事象を現代からの観点を外して描くことには原理的に無理な面もある。また「アジア」や「日本列島」といった地理区分などについては、既に現代からのまなざしが入り込んでいる名詞を使わざるを得ない。それでも、過去には時代ごとの人間集団の単位があり、政治や経済を支える社会構成体にしても現在とは異なるものが動いていた。二〇一二―一三年版の歴史教科書は、それらと現代の国民集団や国民国家との連続性に関して、繊細な検討を促す論点を提示し始めている。

その表現を最も分かりやすく理解できるのが、古代史の叙述である。一九八〇年代までの歴史教科書であれば、「日本のあけぼの」といった見出しのもとに、「日本人」という実体を先に設定し、人びとが生きる国家を現代まで繋がる国民国家と同一視して説明する語り方が自然であった。しかし現在では、「東アジアの中の倭（日本）」（帝国書院『社会科　中学生の歴史』）、「古代中国と「倭」の王権」（教育出版『中学社会　歴史　未来をひらく』）といった提示の仕方がより多くなっている。また他方、育鵬社『中学社会　新しい日本の歴史』が「日本のあけぼのと世界の文明」、山川出版社『詳説日本史B』が「日本文化のあけぼの」という従来と同様の見出しを掲げるように、ここにも歴史を単線的なストーリーラインで描く教科書と、複線的なストーリーラインを設定する教科書との特徴の違いを見ることができる。

二〇一二年版の中学校用歴史教科書の多くでは、日本列島の古代を倭人と倭国の歴史として描き始める。『漢書』『後漢書』が現在の日本を倭と称していたこと、紀元前一世紀ごろの倭には百余りの国が存在し、それらのうちの奴国が後漢皇帝に遣使し金印を授けられたことなどが、この時代の生活様式と併せて説明される。三世紀に邪馬台国の卑弥呼が魏に遣使し「親魏倭王」となったことも「魏志倭人伝」の記載と共に示されるが、その際、中国の皇帝から周辺地域への王の称号や印の授与がなされることは、東アジア全域で見られる共通の仕組みであったことが言及される。日本列島においては、三世紀後半から四世紀にかけて奈良盆地を中心とする地域に有力者たちの連合体が成立したことを説き、これを「大和政権」ないし「ヤマト王権」と表記している。これについて、帝国書院の『社会科　中学生の歴史』では次のような注釈が付されている。

中国から倭王の称号を与えられた、のちに大王を中心とする豪族たちのゆるやかな連合勢力。整った組織はまだなかったので、「朝廷」ではなく「王権」と表記しています。また、国号の「倭」やのちの地域名の「大和」と区別するため、「ヤマト」と表記しています。（帝国書院『社会科　中学生の歴史』二四頁）

古代の日本列島にあった有力者たちの連合が、後の時代の「天皇」や「朝廷」とそのまますぐには結び付かないことを示しているのである。加えて二〇一二年版の教科書の多くにおいては、「天皇」の称号は「大王」に代えて七世紀後半の天武天皇の頃から使われるようになり、「日本」という国号も同時期から八世紀初頭にかけてのあいだに定められたと説明される。また、三世紀から七世紀にかけての倭国ないしヤマト王権の動きは、加羅諸国や百済との関係性に由来する朝鮮半島での戦いを含めて、中国大陸や朝鮮半島の王朝との活発な交流のネットワークのなかに位置づけられている。

そしてこの点に関して、沖縄戦や琉球史について単線的なストーリーラインを設定していた教科書群は、異なる特徴を示す。そこでは中国や朝鮮半島に対して日本列島が早い時期から自立していたことに、説明の主眼が向けられているのである。奈良に成立した王権は従来どおり「大和朝廷」と表記され、「国内をまとめあげた日本は、大陸文化の吸収のために朝貢はしても、冊封されない国（不信の朝貢国）となり、華夷秩序から離脱した」（自由社『中学社会　新しい歴史教科書』三九頁）という点が強調される。

その際、「天皇」の称号には華夷秩序から自立する「国家的自覚」の表現という意味が強く込められる。育鵬社の『中学社会　新しい日本の歴史』では、『隋書』に描かれた七世紀初頭の遣隋使を通した有名なやり取り――「日出づる処の天子、書を日没する処の天子に致す。恙無きや」――を以て、「わが国が隋と対等な国であること」を主張したこと、すなわち「わが国は、聖徳太子の時代にはすでに、中国の影響力からぬけ出そうとする政治的な動きを示していた」ことが解説される（三七頁）。天皇号が初めて使われたのもこの時期とされ、他の多くの教科書よりも早めに設定される。自由社の『中学社会　新しい歴史教科書』においても同様の説明がなされたうえで、「日本の自立の姿勢を示す天皇の称号は、その後も使われ続け、とぎれることなく今日に至っている」

（五三頁）とする。さらに別の箇所では「天皇の称号は、七世紀になって使われ始めたが、皇統譜（歴代天皇の系譜）で初代とされる神武天皇までさかのぼって天皇の称号でよぶのが慣例になっている」（四一頁）と補っており、古代から現在に至るまでの時間を天皇号により一連のものとしてつなぎ合わせているといえる。さらに、そのように永続する国家空間は、大陸や朝鮮半島からは自立したものとして切り出されることになる。

日本という国号については、これらの教科書においても七世紀頃から使用されたということが述べられているが、そもそも一万年前の縄文時代の時点での「日本人」の起源を描写しているため、描かれるのは当初から「日本の歴史」となっている。「倭人、倭国などの呼称は、中国人が日本人および日本を指したものと見られる」（明成社『最新日本史B』一九頁）とされるため、古代における歴史記述の対象は既に「日本」である。あるいは、「わが国」という主語を用いることによって「倭」を使わないことも、これらの教科書の特徴である。山川出版社の高校用『詳説日本史B』においてもこの点について、「当時中国では、日本列島の人びとを「倭人」、その国を「倭国」と呼んでいたが、七世紀末から八世紀初めにわが国がみずから「日本」と称し、唐の歴史書でもはじめて「日本」という国号を採用した」（二〇頁）としている。「わが国」という主体が、あらゆる歴史叙述の前提に既に採用されているのである。

自由社、育鵬社の中学校用歴史教科書、明成社の高校用日本史教科書においては、古墳時代に朝鮮半島から日本列島に渡ってきた人びとを「帰化人」とし、「渡来人」という呼称は使われないか、もしくは括弧書きでのみ示される。この点でも「わが国」の、大陸文化からの自立性が強調されることになる。「七世紀の後半、朝鮮半島で敗北したわが国は、どのような国づくりを進めたのだろうか」と問いかける自由社の教科書（五六頁）は、以後律令体制の構築と、それに伴う「日本」の独自性の高まりを解説していくことになる。

しかしまた高校の世界史教科書の場合は、自由社、育鵬社以外の中学校用歴史教科書と同様の観点が採用され、「日本」の時間的限定性と、東アジア諸地域との相互関係性に力点が置かれていることを確認できる。古墳時代の奈良の有力者連合については、高校世界史においても「ヤマト政権」「ヤマト王権」といった呼称が一般的になっている。実教出版の『世界史B』が解説するところによれば、「「大和朝廷」と表記されることもあるが、近年、のちの天皇制のもとでの「朝廷」の組織をととのえていなかったともいわれる。また、「大和」という漢字表記は八世紀ごろから用いられたもので、それ以前の時期に適用できないとする考え方がある」（九九頁）ということになる。「天皇」や「日本」は時間的な起点を歴史上に明確に指示できるものなのである。

東アジアの地域間のネットワークについても各教科書はそれぞれ詳細に展開している。山川出版社の『詳説世界史B』は、秦・漢の時代を中国の側でも世界に対する知識が広がった時代であるとし、周辺地域との交流が盛んになり、その首長に称号を与えて皇帝中心の秩序に位置づけ始めたとする。「倭人（日本人）の使者が光武帝から「漢委奴国王」の金印をうけていることは、その一つの例」（七四頁）であり、「中国の王朝の権威を周辺諸国が認め、従属的関係を結ぶということのような国家間関係のあり方は、東アジアの国際秩序の特徴として、一九世紀にいたるまで存続することになる」（八五―八六頁）とする。

一方、帝国書院の『新詳世界史B』は中国を中心とする東アジアの秩序を恒常的なものとしては描かず、日本がそれに距離を置こうとした時期があることは指摘するが、室町幕府の時代には明朝の冊封体制に加わったともする（一一九頁）。また、一〇世紀以降の「国風文化」の時代については、それが「ユーラシア東方の諸地域で共通した動きであった」ことを指摘したうえで、国家の自立性を志向すること自体が東アジア世界では自律的な動きではなかったことを、次のように解説する。

中華文明に対してあこがれと劣等感をともに抱いている漢字文化圏の諸地域では、自国を中華王朝と並ぶ存在とし、他の諸国よりは上位と位置づける意識が現れるようになった。日本では自らの文化・伝統を特別なものとみなす神国思想が育ち、朝鮮半島やベトナムでは、自国をもう一つの中華だとする小中華思想が生まれた。……「国風文化」の成果はモンゴルに継承されていった。他方、日本や朝鮮半島、ベトナムでは、モンゴル帝国に対する抵抗を通じて自尊意識を強めていった。（帝国書院『新詳世界史B』七四頁）

「日本」の独自性を求める動き自体をその外部との関係性に照らして説明するのが、二〇一二―

一三年版の歴史教科書の一般的な語り口である。「日本」と「日本人」の存在を叙述の前提にあらかじめ設定する一部の歴史教科書と、それ以外のより多くの歴史教科書との特徴の相違は、ここに集約されているといえる。

5 「世界史」の新たな特徴

現代の国民国家の枠組みをそのまま過去に適用するのが従来の学校歴史教育であったのに対し、新たな教科書にはそれを乗り越えるための資源が次第に用意され始めているといえそうである。それは、歴史を国ごとにではなく、より広い領域の動きとして捉えられるよう観点が変更されつつあるということである。科目の性質上、この変更は日本史以上に世界史に、より顕著に現れ出ている。歴史教科書の新規掲載事項の検討の最後に、ここでは高校用世界史の特徴を提示しておきたい。

世界の動きを一体性のあるものとして説明しようとするのが、二〇一三年版の世界史教科書の基調となっているが、その顕著な例として「近代世界システム」の観点を導入していることが挙げられる。一五世紀に始まるヨーロッパからアメリカ大陸へ向かう「大航海」、その結果としてもたらされた西ヨーロッパ主導の世界貿易体制、さらにユーラシア大陸での大帝国の繁栄に由来する生産・流通網の東西伸展により、一六世紀には世界規模の分業体制が成立したとする。地球上の諸地域は貿易・金融・情報による相互の依存度を増し始め、倭寇や日本銀の輸出などもその重要な構成要素となった。この体制が「近代世界システム」である。帝国書院の『新詳世界史B』は、次のように解説する。

一六世紀に成立した西ヨーロッパを中心とする世界システムでは、全体を支配する政権がなかった。このため、経済の分業体制（貿易）だけで結びつく、独特の「近代世界システム」が成立した。このシステムは、その後、ほかの「世界」を次々と吸収し、二〇世紀までには地球全体をおおう「一体化した世界」が成立した。

「近代世界システム」の内部は、「中核」・「半周辺」・「周辺」からなり、たがいに貿易などで結びついている。しかし、つねに工業製品を輸出する「中核」に有利なかたちで貿易が展開し、「周辺」は単一の食料や原材料を、強制的な労働によって生産させられたため、低開発状態になる傾向もあった。今日、南北問題とよばれる経済格差は、ここに起源がある。（帝国書院『新詳世界史B』一四五頁）

近代世界システムには、支配と従属の関係にある中核と周辺が存在し、両者のあいだの格差が次第に広がりつつ、現代に至るとされる。一六世紀以降、諸地域がそれぞれに自立的であることは困難になったという意味で、各国史を越えた歴史像をもたらすのが世界システム論の観点である。

この世界像は、実教出版や東京書籍の世界史教科書においては二〇〇八年刊の旧版で既に採用されていたが、高校世界史教育で最も採択率の高い山川出版社の『詳説世界史B』においては、二〇一三年版から取り上げられるようになった。この教科書では従来の部・章の構成が変更され、一六世紀から一九世紀までの時代が第Ⅲ部として括られることとなった。その時代を特徴づけるのが、一六世紀に始まる「世界の一体化」という現象である。ここでも、世界的交易網へのアメリカ大陸の組み込み、交易の恒常化、流通する商品の増大・多様化によって、一般庶民の生活までもが世界経済と無関係ではなくなったことを根拠として、一六世紀が画期とされている（一七七頁）。それ以前の世界における人間の交流とは規模と質の異なる結び付きが開始されたのであり、それが今日のグローバル化へ繋がるという説明である（一七六頁）。各国の自立性とは異なる位相に成立し、かつ現代にまで持続している世界規模の世界社会の空間を、新たな世界史教科書は提示しているといえる。

このような説明に当たって山川出版社の『詳説世界史B』が採用している、「地域世界」と「地球世界」という概念は興味深い（「第Ⅰ部概観」「第Ⅳ部概観」など）。前者は、古代以来人間が自然環境と関わりながらそれぞれの地域で形成してきた独自の「世界」である。古代文明をもとに成立したいくつもの「世界」であり、「固有の文化をもつ人々が生活を営み、そのなかから国家がうみ出されていった」（二四頁）ものとして概念化される。対して後者は、「地球上に広がるこの一つの世界」である。まず欧米先進社会の必要と利害に導かれる形で、様々な「世界基準」の設定と普及がなされ、それが地球世界の形成の基礎となった。諸々の地域世界はそれを力ずくで導入されることによりそれぞれが変容し、その傾向が現在のグローバル化の動きにまで継続されている（三〇六頁）。「世界史」という科目が表現する「世界」が二つの異なる意味をもっていることが、この教科書では整理されたのである。人間の暮らしが根差す世界と、それらの諸世界が相互依存的に組み合わさることによって現出する世界。この二重性を表現することが、二〇一三年版の高校世界史教科書における歴史叙述の課題となっていることが分かる。各国・各文明圏の出来事を叙述しながらも、それらがより大きな動きのなかにあることを捉える観点が示され始めたといえる。

そして世界システムは、一九世紀からさらに強く世界中に浸透するようになる。高校世界史教科書は、「帝国主義時代以降となると、諸地域の政治・経済体制はもとより、人々の日常生活の場も世界の動向の直接的な圧力にさらされ、変容をせまられた。それは具体的にはどのような状況であろうか」（山川出版社『詳説世界史B』三〇六頁）と問いかけ、たとえば、イギリスの「資本主義にもとづく分業と支配・従属の体制」（実教出版『世界史B』二四七頁）、アメリカへの新移民や華僑・印僑の動きに代表される一九世紀後半以降の「大規模な人口移動」（帝国書院『明解世界史A』一四八―一四九頁）、そして二〇世紀末の「グローバル化がめざす自由貿易体制」（東京書籍『世界史A』一九八頁）といった事象を、その具体的な答えとして提示する。

その際に併せて留意されるのは、「世界の一体化」とはそのまま世界の政治的一体化を意味するものではなく、同じシステムのなかで動く社会構成体がそれぞれに対抗意識を高めるプロセスでもある、という点である。世界史教科書は、国家が力をもち対立し合う状況は「世界の一体化」の必然的な側面であるとし、それゆえに「それぞれの国の動きは、世界史的な視野からみることによって、はじめて十分に理解できるのである」（山川出版社『詳説世界史B』一七七頁）と解釈の枠組みを提供する。地域世界の個々を理解するのとは異なる、このような世界理解の視座は、従来の学校歴史教科書には見出しにくかった特徴である。

この視座からはまた、「国民国家」という集団原理や、それが開始された特定の時代状況が対象化されることにもなる。山川出版社の『詳説世界史B』は二〇一三年版から、「世界の一体化」を扱う第Ⅲ部の「まとめ」に次のような一節を加え、人間が社会を捉える際に採用する諸々の観念自体が、ある特定の時代に産み出されたものであることへの気づきを促している。

第Ⅲ部では、一六世紀前後から一九世紀の「近世」および「近代」と呼ばれる時代について学んだ。……今日の世界における諸国家間の経済的・政治的力関係、国家や社会の制度などがどのように成立してきたのかを考えてみるとき、その基本的なしくみは、「近世」「近代」の時代につくりあげられたものであることがわかる。つまり、国家や社会に対する私たちの常識の多くの部分は、「近世」「近代」の歴史のなかでうまれてきたものなのである。このことを念頭におきながら、第Ⅲ部の内容のポイントを振り返ってみよう。（山川出版社『詳説世界史B』三〇二頁）

ここでは、政治・経済や国家、社会の仕組みというものが、ある時代に「つくりあげられたもの」であることが指摘されている。「私たちの常識の多くの部分」が時代の産物であるとするこの文章のなかでは既に、「近世」「近代」という言葉が括弧で括られており、歴史の区分もまた人びとの観念であることが示されている。社会の制度や観念が状況のなかで構築されるものであるとし、その構築作用を認識の対象とすること――すなわち、メタの視座を得ること――が、提案されているのである。

具体的な応用例は、山川出版社『詳説世界史B』の二〇一三年版が示すフランス革命についての新たな解釈に見出される。革命前夜から一七八九年にかけての状況、その後の革命戦争と共和制の成立、さらに皇帝ナポレオンの登場と没落までが解説される途中で、次のような小括によって人類史における「国民」や「国民国家」の観念の誕生が取り上げられるのである。

> 自由と平等を掲げたフランス革命は、それまで身分・職業・地域などによってわけられていた人々を、国家と直接結びついた市民（国民）にかえようとした。革命中に実行されたさまざまな制度変革と革命防衛戦争をつうじて、フランス人の国民としてのまとまりはより強まった。こうして誕生した、国民意識をもった平等な市民が国家を構成するという「国民国家」の理念は、フランス以外の国々にも広まるとともに、フランス革命の成果を受け継いだナポレオンによる支配に対する抵抗の根拠ともなった。（山川出版社『詳説世界史B』二五二―二五三頁）

「ブリュメール一八日のクーデタ」の説明と「アミアンの和約」の説明のあいだに挿入されたこの一段落は、二〇一二年までの旧版には存在しなかったものである。フランスという地域における革命についての情報を提供しているだけでなく、それが人類社会にとっての新たな観念の成立をもたらしたこと――「フランス」という枠組みで人間の営みを捉える画期となったこと――を、ここでは説明している。現代を生きる人間が当然視している、国民や国家ごとで世界を仕分けて考えるその考え方は、この時点より以前に素朴に当てはめられるものではなく、また併せて、この時点以降にはどの地域世界にも浸透していくものである、ということになる。

この種の観点も、実教出版や東京書籍の世界史教科書においては、旧版の時点から提示されていたものである。しかしたとえば実教出版『世界史B』では、二〇〇八年刊の旧版においてはフランス革命を市民革命（ブルジョワ革命）の代表格として性格づけていたのに対して（二三八頁）、二〇一三年版では「国民を主権者とする国民国家の創出がめざされた」（二六一頁）側面をより強調するようになっている。さらに、フランスと同様の社会制度が導入されたナポレオン帝国の内部で、フランスに芽生えたのと同じ論理でのナショナリズムが発生し、「国民」の観念がヨーロッパに浸透していく、という主張が前面に出される（二六一頁）。人間のまとまりの一つのあり方である「国民」が、特定の時代状況のなかで生まれ広がったという歴史像がやはり強化されている。

人間社会は「国民」という観念を得ることにより、それぞれの地域世界のあり方を変容させつつ、一つの世界システムを実体化させていく。新たな世界史教科書は、そのための情報伝達を行う社会制度についても言及している。その具体的な例となるのが、それ自体もやはり特定の時代の産物であるところの、歴史学という学問や学校教育である。

山川出版社『詳説世界史B』は、人間が遠く離れた諸地域に関心をもったり、「世界史」を学んだりすること自体が、「もとをたどればこのような「世界の一体化」の進展の結果なのである」（三〇三頁）とする。このような前提を共有しつつ、帝国書院の『新詳世界史B』は、一九世紀のヨーロッパに成立した近代歴史学の特徴に言及する。ドイツのレオポルト・フォン・ランケが重視した資料批判による科学的歴史研究が近代歴史学の始点となったが、それはナショナリズムの風潮とあいまって、「「国民」の実在を前提にその成立・発展を叙述する国民史の流行につながった」（二二一頁）とするのである。近代歴史学が「国民史」という独特の語り口をもっていると歴史教科書が述べるのは、極めて自己言及的でもある。

また東京書籍の『世界史A』は、公教育という社会制度が国民統合の目的と不即不離に成立したものであることを指摘する。公教育制度という考え方がフランス革命の時に始まったこと、「教育を受けるのは市民の権利であるという意識」と「国を支える国民の育成という国家の要求」とが当初からせめぎあっていたこと、その結果として近代教育が富国強兵や国民統合のための手段となっていったことが言及される（一二八頁）。ここでも、近代教育の本質にふれる指摘が歴史叙述のなかに埋め込まれていることになる。現在を生きる我々が自明視している歴史の見方や教育の性質が特定の発生時点をもつこと、また、それが現在に至るまで継続しており、我々も「国民」や「国民国家」の維持存続を促す仕組みのなかにいるのだということ――こうした気づきを可能にする情報を、二〇一三年版の新たな世界史教科書には見出すことができる。

6　ナショナルヒストリーという語り口

この章では、二〇一二―一三年版の中等教育用歴史教科書の全体的な傾向を把握するために、いくつかの歴史事象を取り上げてその説明内容を検討してきた。新たに登場してきた情報を紹介するとともに、各教科書が歴史を見るに当たってどのような観点を設定しているか、いかなる語り口で叙述しているのかといった特徴を整理したことになる。

中学校用の歴史教科書では、沖縄戦や琉球史の描き方に見られたように、一つの歴史事象についての多面的な理解を促す語り方を採るものが相対的に多くを占めていた。それらの教科書ではストーリーラインは複数設定される。必然的に、琉球史や古代史の語られ方の特徴として例示したように、特定の地域を、それを取り巻くより広い領域の動きのなかに位置づけて捉える説明が多くなっていたといえる。

しかし中学校用教科書には、これらの点で反対の性格をもつものもある。「日本」という国家の、古代から現代に至るまでの連続性と周辺地域からの自立性を主張しようとする教科書では、ストーリーラインは一本化される。説明の主軸が明確に設定され、周辺情報は制限される。そしてこの傾向は、高校用の日本史教科書にそのまま繋がっていくものでもある。その傾向のもとでは、「日本」や「日本人」は時間の流れのなかで形成されたり変化したりする存在ではない。いわば時間を超越して存在する概念であり、歴史叙述の前提とされる。そうした歴史の主体を表現するために、「わが国」という言葉が主語として用いられるのである。

この認識枠組みは、従来からの学校歴史教育ではむしろ馴染み深い語り口でもあり、現在もなお教科書の随所に現れ出る。近代以降の国家・国民の単位をあてがって語られる歴史の形式は「ナショナルヒストリー」と呼ばれるが、本書ではこれ以降、この語り口がもつ意味と限界について検討することを、第一の課題とする。

他方で、高校用世界史教科書には新たな傾向を見出すこともできた。世界を一体化したものと捉え解釈しようとする叙述である。そこでは諸々の地域世界での動きが組み合わされることによって成り立つ、地球世界の位相が提示される。むしろ諸地域の動きは、包括的な世界との関係性に照らして初めて理解できるとされる。さらに、そのような世界が特定の時期に成立したのと同じ意味で、そのなかで活動する国家や社会の原理も特定の時代の産物であることが示される。歴史の見方や伝え方といったものも、人間がものを見たり考えたりする際の原理や制度のうちに含まれている。

世界史教科書は、我々が当然のものとして採用する歴史の語り口を歴史の産物として対象化する視座を、用意しつつあるといえる。本書では、このようなメタヒストリーの視座の意義を検討することを、第二の課題に据える。世界史教科書に見出される新たな歴史叙述表現が、教育資源としてどのような可能性をもつことになるのかを考えることになる。

この章の冒頭では教科書検定制度についてふれたが、日本の教科書を規定する制度としては、もう一つの特徴的なものとして広域採択制度がある。義務教育段階の教科書は、一九六三年度に無償供与となったのと同時に、「市若しくは郡の区域又はこれらの区域をあわせた地域」で教科用図書採択地区を設定し、そのエリア内の公立小中学校が各教科について同一の一種の教科書を等しく使用することとなった。現在に至るまでそのような仕組みが採られている。授業で使われる教科書が広いエリアで統一的に定められることは、事務手続きを省力化できるという意味では合理的ではあるが、他方では、実際に授業を行う教師や授業を受ける児童生徒、またその保護者が、教授・学習のための素材を選ぶ責任主体では無くなったということを意味する。

教科書検定制度と広域採択制度が採られることによって、日本においては、学校で扱われる教育的知識は諸個人の外部で用意され、外部から与えられるものだ、という性質が強くなったことになる。そうであればこそ、そのような仕組みのもとで教育的知識には具体的に何が要請されてきたのかをたどることには、一定の意義があるだろう。それは、教育的知識を受け取ることによって我々がいかなる社会を作ってきたのか、また、作っていくことになるのかを理解することでもある。本書で行っているのはそうした作業である。

注

（1）一九八九年告示の学習指導要領で高等学校社会科が地理歴史科と公民科の二科目に再編されたことを受けて、一九九四年度の第一学年からは「世界史」と「日本史」を地理歴史科の科目として学習することとなった。履修については、近現代史を中心とする「世界史A」と古代から現代までの通史を扱う「世界史B」のうちから一科目、ならびに近現代史を中心とする「日本史A」と通史を扱う「日本史B」および「地理A」「地理B」のうちから一科目の、合計二科目以上が必履修とされている。二〇〇九年告示の学習指導要領においても同じ科目編成が引き継がれた。

（2）本書で分析対象とした高等学校用教科書の「二〇一三年版」とは、二〇一二年度の採択期間中に検討用見本として供せられた「二〇一三年度用見本本」である。

第二章　歴史教科書問題の論点の推移

1　「台湾出兵と琉球領有」の記述の変遷

第一章では二〇一二—一三年版の中等教育用歴史教科書を概観し、とくに高校用の世界史教科書において、歴史を捉えるための新たな視座が用意されつつあることを指摘した。それは世界を一体化したものとして捉え、各国に生じる動きを一つの大きな潮流のなかのものとして説明しようとする視座である。

しかし世界システムという見立ては、山川出版社の世界史教科書についていえば、二〇一三年版で初めて導入されたものである。また歴史事象をそうした視座から捉えることの重要性を述べるのは、主として各部・各章の「概観」や「まとめ」などの文章であり、本文では国家ごとの枠組みのなかで個別の現象が説明されていることのほうが多い。学校歴史教育においては、近代以降の国家・国民の単位を当てはめて歴史を説明する語り口は依然として力強いといえる。

そこで本章では、「世界の一体化」を志向した語り口が登場してきた意味を捉えるためにも、それ以前の学校歴史教育の内容がどのようであったか、その変遷を時間の経過に沿って整理しておきたい。歴史が書かれたり、またとりわけ学校教育で伝達されたりすることには、新たな世代の社会成員に情報の共有を促し、以て人びとのあいだの社会的な結び付きを維持するという期待が伴われているといえる。そのような社会の側からの要請と強く関連づけられながら、歴史を語るための語り口は変化しているのである。本章ではこうした見地から歴史教科書問題の論点と教科書記述の変遷をたどり、「ナショナルヒストリー」の語り口が学校歴史教育を支えてきた経緯をまとめる。そのうえで次章以降において、新たな視座が設定され始めたことの意味を検討したい。なお本章で検討対象とするのは、一九五〇年代以降の山川出版社の高校用世界史教科書である[1]。

前章では、新たな傾向を帯びた歴史叙述の具体例として琉球史の描かれ方を取り上げた。多くの教科書では中世・近世の琉球社会を複層的なものとして捉えるようになっており、それゆえに近代冒頭に位置する「琉球領有」についての説明が単純なものではなくなってきたことを指摘した。台湾出兵の理由とされた「台湾先住民による琉球島民の殺害」に関して、二〇一三年版の世界史教科書では、「琉球島民は日本人か、台湾先住民は清朝政府の支配下にあるのか」が当時問われたことが指摘されるようにもなった。

それでは山川出版社の世界史教科書において、このような説明はいつごろから登場し、それ以前には同じ出来事をどのように扱っていたのだろうか。筆者が収集した同社世界史教科書を発行年順に並べ、「台湾出兵と琉球領有」に関する記述の異同を一覧にしたものが、表２‐１である。

まず理解できるのは、二〇一三年版で「台湾出兵」に付された注釈は、二〇〇三年版において初めて登場したものだということである。二〇〇三年版教科書は、一九九九年告示の学習指導要領の改訂内容を反映させたものであり、その学習指導要領は「総合的な学習の時間」を新設し、基礎・基本の重要性を打ち出して学習内容の大幅な削減を促したという点で、いわゆる「ゆとり教育」を推進したとされたものである。しかしながら歴史知識に関してはこのように、詳細かつ多角的な内容を用意させたことになる。国民国家の枠組みの自明性に距離を示す、それまでの教科書には存在しなかったこの情報が、基礎・基本を厳選した二〇〇三年版の教科書に含まれていたことの意味は大きい。

それ以前の教科書で同じ出来事がいかに記載されていたのかを概観すると、とくに一九五〇年代に記述が揺れていることを理解できる。まず一九五一年版の説明で注目できるのは、近代日本が勢力の伸張を図った「隣接諸地域」に、台湾と同じく琉球が含まれる文脈となっていることである。台湾出兵と琉球領有の年代は表記されておらず、事の経緯については曖昧な表現となっているが、

表2-1　山川出版社『世界史』教科書における「台湾出兵と琉球領有」①

タイトル	発行年	頁	台湾出兵と琉球領有
『世界史』	1951	254	明治政府は近代資本主義国家を目標に、政治・経済・教育などの近代化につとめ、特に工業の育成に重点を置いたが、国内市場が狭かったため市場を国外に求めざるを得なかった。一方外国の圧力を排除し、自国の安全保障のためにも、隣接諸地域に勢力の伸張をはかった。かくて台湾を征し、琉球の領有権を確保したが、ついで朝鮮問題によって日清戦争（1894～95）をおこすにいたった。
『世界史』改訂版	1952	268	明治政府は近代資本主義国家を目標に、政治・経済・教育などの近代化につとめ、特に工業の育成に重点を置いたが、国内市場が狭かったため市場を国外に求めざるを得なかった。また外国の圧力を排除し、自国の安全保障のためにも、隣接諸地域に勢力の伸張をはかった。かくて台湾を征し、琉球の領有権を確保したが、ついで朝鮮問題によって日清戦争（1894～95）をおこすに至った。
『世界史』三訂	1953	256	明治政府は列強に対抗して富国強兵をめざし、政治・経済・教育などの近代化に努め、とくに工業の育成に重点を置いたが、国内市場が狭かったため市場を国外に求めざるを得なかった。また外国の圧力を排除し、自国の安全を保障するためにも、隣接諸地域に勢力の伸長を図った。かくて台湾を征し、琉球の領有権を確保したが、ついで朝鮮問題によって日清戦争（1894～95年）をおこすに至った。
『世界史』四訂	1954	263	（1953年版と同じ）
『世界史』五訂	1955	263	（1953年版と同じ）
『世界史』	1956	239-240	明治政府は列強に対抗するため富国強兵をはかり、政治・経済・教育のあらゆる分野にわたって近代化につとめたが、とくに工業の発展に重点をおいたため、その市場をせまい国内から外国に求めなければならなかった。また日本は自国の安全のため、外国勢力を隣接諸地域から排除することが必要であると考え、台湾を征し、琉球を確保し、すすんで朝鮮問題をきっかけに日清戦争をおこし、大陸進出の矛を進めた。
『世界史』改訂版	1957	241-242	（1956年版と同じ）
『詳説世界史』	1958	277	明治政府は列強の侵略に対抗するため富国強兵をはかり、政治・経済・教育のあらゆる分野にわたって急速な近代化をおこない、とくに工業の発展に重点をおいたため、その市場をせまい国内から国外に求めなければならなかった。また日本はそれまで日本と中国との双方に帰属する形をとっていた琉球の領有を確保し、琉球人が蕃人に殺されたのを理由として台湾に出兵し、また国防上の必要から朝鮮に進出した。朝鮮では清との利害関係の衝突から日清戦争がおこった。
『詳説世界史』	1959	277	（1958年版と同じ）
『詳説世界史』	1960	277	（1958年版と同じ）
『詳説世界史』	1962	277	（1958年版と同じ）
『詳説世界史』	1964	279-280	明治政府は列強の侵略に対抗するため富国強兵をはかり、政治・経済・教育のあらゆる分野にわたって急速な近代化をおこない、とくに工業の発展に重点をおいた。 対外的には日本は、それまで日本と中国との双方に帰属する形をとっていた琉球の領有を確保し、さらに琉球人が台湾で土民に殺された事件の責任を清国が回避したのを理由として台湾に出兵したりした。また日本は国防上の必要から朝鮮にも進出をはかったが、清国を宗主国とあおぐ朝鮮は、日本に対し近隣の誼をもって交わってはきたが、宗主国清朝にならって容易に国を開こうとせず、日本の開国要求をこころよしとしなかった。
『詳説世界史』改訂版	1967	281-282	（1964年版と同じ）
『詳説世界史』改訂版	1968	281-282	（1964年版と同じ）
『詳説世界史』改訂版	1969	281-282	（1964年版と同じ）

表２－１　山川出版社『世界史』教科書における「台湾出兵と琉球領有」②

タイトル	発行年	頁	台湾出兵と琉球領有
『詳説世界史』再訂版	1970	275-276	明治政府は列強の侵略に対抗するため富国強兵をはかり、政治・経済・教育のあらゆる分野にわたって急速な近代化をおこない、とくに工業の発展に重点をおいた。 対外的には日本は、それまで日本と中国との双方に帰属する形をとっていた琉球の領有を確保し、さらに琉球人が台湾で土民に殺された事件の責任を清国が回避したのを理由として台湾に出兵したりした。また清を宗主国とあおぐ朝鮮は、日本に対し近隣の誼をもって交わってはきたが、清にならって容易に国を開こうとせず、日本の開国要求をこころよしとしなかった。
『詳説世界史』再訂版	1972	275-276	（1970 年版と同じ）
『詳説世界史』新版	1973	272-273	明治政府は列強の侵略に対抗するために富国強兵をはかり、政治・経済・軍事・教育のあらゆる分野にわたって急速な改革をおこない、工業の発展に力を注いだ。 対外的には、それまで日本・中国双方に帰属する形をとっていた琉球の領有を確保し、さらに琉球人が台湾で土民に殺された事件の責任を清国が回避したのを理由に台湾に出兵した。また清を宗主国とする朝鮮は、江戸時代に日本と交わりをもちながら、維新政府に対しては容易に国をひらかなかったが、1875 年の江華島事件を機に日本はその開国に成功し、条約をむすんだ。
『詳説世界史』新版	1975	272-273	（1973 年版と同じ）
『詳説世界史』改訂版	1976	272-273	（1973 年版と同じ）
『詳説世界史』改訂版	1977	272-273	（1973 年版と同じ）
『詳説世界史』再訂版	1980	272-273	明治政府は列強の侵略に対抗するために富国強兵をはかり、政治・経済・軍事・教育のあらゆる分野にわたって急速な改革をおこない、工業の発展に力を注いだ。 対外的には、それまで日本・中国双方に帰属する形をとっていた琉球の領有を確保した。また台湾で琉球人が殺されるという事件に対し清国が責任を回避したのを理由に台湾に出兵した。一方清を宗主国とする朝鮮は、江戸時代に日本と交わりをもちながら、維新政府に対しては容易に国をひらかなかったが、1875 年の江華島事件を機に日本は翌 76 年条約をむすび開国を承認させた。
『詳説世界史』新版	1983	270	明治政府は、欧米にならって富国強兵をはかり、政治・経済・軍事・教育などあらゆる分野の改革をすすめ、工業の発展に力をいれた。対外的には台湾出兵（1874 年）や琉球領有（1879 年）のほか、やがて大陸にも進出するようになった。
『詳説世界史』新版	1984	270	（1983 年版と同じ）
『詳説世界史』改訂版	1985	270	明治政府は、欧米にならって富国強兵をはかり、政治・経済・軍事・教育などあらゆる分野の改革をすすめ、工業の発展に力をいれた。対外的には台湾出兵（1874 年）や琉球領有（1879 年）のほか、やがて大陸侵略をはかるようになった。
『詳説世界史』改訂版	1987	270	（1985 年版と同じ）
『詳説世界史』再訂版	1988	266	明治政府は、欧米にならって富国強兵をはかり、政治・経済・軍事・教育などあらゆる分野の改革をすすめ、工業の発展に力をいれた。また対外的には台湾出兵［1874］や琉球領有［1879］をおこない、やがて大陸侵略をもはかるようになった。
『詳説世界史』再訂版	1989	266	（1988 年版と同じ）
『詳説世界史』三訂版	1992	266	（1988 年版と同じ）
『詳説世界史Ｂ』	1994	259-260	明治政府は、欧米にならって富国強兵をはかり、政治・経済・軍事・教育などあらゆる分野の改革を進め、工業の発展に力をいれた。……また台湾出兵［1874］、琉球領有［1879］もおこない、さらに大陸侵略をもはかるようになった。
『詳説世界史Ｂ』	1995	259-260	（1994 年版と同じ）

表2－1　山川出版社『世界史』教科書における「台湾出兵と琉球領有」③

タイトル	発行年	頁	台湾出兵と琉球領有
『詳説世界史Ｂ』	1996	259-260	（1994 年版と同じ）
『詳説世界史Ｂ』	1997	259-260	（1994 年版と同じ）
『詳説世界史Ｂ』改訂版	1998	259-260	（1994 年版と同じ）
『詳説世界史Ｂ』改訂版	1999	259-260	（1994 年版と同じ）
『詳説世界史Ｂ』改訂版	2000	259-260	（1994 年版と同じ）
『詳説世界史Ｂ』改訂版	2001	259-260	（1994 年版と同じ）
『詳説世界史Ｂ』改訂版	2002	259-260	（1994 年版と同じ）
『詳説世界史Ｂ』	2003	257	明治政府は富国強兵をめざし、工業や軍事の近代化のほか、ドイツ憲法にならった大日本帝国憲法の発布（1889 年）、二院制の議会の開設（1890 年）など、社会制度の面でも中国より一足はやい近代的改革をおしすすめた。日本は、ロシアと樺太・千島交換条約［1875］①を結んで北方の国境を定めるとともに、当初より積極的な海外進出の姿勢を示し、台湾出兵［1874］②や琉球領有［1879］③のほか、朝鮮にも勢力をのばして、宗主国の立場をとる清と対立した。 【脚注】 ①全樺太をロシア領、全千島を日本領と定めた。 ②台湾に漂着した琉球島民が、台湾の先住民に殺害されたことを理由に、日本軍が台湾に出兵した事件。琉球島民は日本人か、台湾先住民は清朝政府の支配下にあるのか、という点が日清間で問題となった。 ③明治政府は琉球に清への朝貢をやめさせ、1879 年に琉球藩を廃して沖縄県をおいた。
『詳説世界史Ｂ』	2004	257	（2003 年版と同じ）
『詳説世界史Ｂ』	2005	257	（2003 年版と同じ）
『詳説世界史Ｂ』	2006	257	（2003 年版と同じ）
『詳説世界史Ｂ』改訂版	2007	274	（2003 年版と同じ）
『詳説世界史Ｂ』改訂版	2008	274	（2003 年版と同じ）
『詳説世界史Ｂ』改訂版	2009	274	（2003 年版と同じ）
『詳説世界史Ｂ』改訂版	2010	274	（2003 年版と同じ）
『詳説世界史Ｂ』改訂版	2011	274	（2003 年版と同じ）
『詳説世界史Ｂ』改訂版	2012	274	（2003 年版と同じ）
『詳説世界史Ｂ』	2013	299-300	明治政府は富国強兵をめざし、工業や軍事の近代化のほか、ドイツ憲法にならった大日本帝国憲法の発布（89〈明治 22〉年）、二院制の議会の開設（90〈明治 23〉年）など、社会制度の面でも中国より一足はやい近代的改革をおしすすめた。日本は、ロシアと樺太・千島交換条約［1875］①を結んで北方の国境を定めるとともに、当初より積極的な海外進出の姿勢を示し、台湾出兵［1874］②や琉球領有［1879］③のほか、朝鮮にも勢力をのばして、宗主国の立場をとる清と対立した。 【脚注】 ①全樺太をロシア領、全千島を日本領と定めた。 ②台湾に漂着した琉球島民が、台湾の先住民に殺害されたことを理由に、日本軍が台湾に出兵した事件。琉球島民は日本人か、台湾先住民は清朝政府の支配下にあるのか、という点が日清間で問題となった。 ③明治政府は琉球に清への朝貢をやめさせ、1879 年に琉球藩を廃して沖縄県をおいた。

注：下線は引用者による強調

それがために一八七九年以前の琉球を近代的な意味での「日本」には含めていないようにとれる。その点、一九五一年版の記述は理に適っている。

この記述では、サンフランシスコ講和を経た後の一九五三年版において「近代資本主義国家を目標に」が「列強に対抗して富国強兵をめざし」と改められる。また一九五六年版では、それまで「隣接諸地域に勢力の伸張を図った」とされていた部分が「外国勢力を隣接諸地域から排除することが必要であると考え」となった。明治期の「日本」が外国に対抗する存在であるように表現を強めていくこの変化は、これらの教科書が発行された一九五〇年代の日本が主権を回復し自立性を取り戻していく過程と重なるものだといえる。

敗戦後一三年目となる一九五八年版で、その傾向はさらに明らかになる。明治政府による富国強兵は「列強の侵略に対抗するため」となり、それまで第一義的には外国勢力の排除のためとされていた隣接諸地域への勢力伸張が、領土策定に関わる動きとして描かれるようになった。そのため、琉球は「それまで日本と中国との双方に帰属する形をとっていた」と国民国家の原理に照らした見方をされるようになり、そのうえで、日本が領有を確保した琉球の人間が「蕃人に殺された」ことが、台湾出兵の根拠として用いられるようになった。

さらに、従来の版では「琉球領有」は「台湾出兵」の後に置かれていたため、一八七九年の沖縄県設置を指すものとして読むことができたのだが、一九五八年版からはその順序が逆になった。その文脈では、ここでの「琉球領有」は一八七二年の琉球藩設置を指すことになる。しかしそれでは一八七九年まで続いた琉球王国の存在と矛盾が生じることになる。またそもそも、琉球島民の殺害は一八七一年の出来事であり、琉球藩設置以前の事件を台湾出兵の理由としている点にも問題が残る。この教科書はそれらの矛盾について、近代以降の認識の産物である国民国家の境界線を過去に素朴にあてがうことで、目をつむることになったのである。

この説明はその後も採用され続ける。一九六四年版では「琉球人が台湾で土民に殺された事件の責任を清国が回避したのを理由として」という中国側の要素が付け加えられることで、日本側の行動の根拠が補強されることになった。台湾出兵を理解するための論理は、琉球が日本側に帰属し台湾が中国側に帰属することを前提したうえで、境界線の「こちら側」の人間を殺害した責任を「あちら側」に追及したという形に整理されたのである。未だ国民国家システムに完全には組み込まれていなかった当時の「隣接諸地域」を、現代の区切りによって分断して捉える認識枠が、ここで採用されている。以後、この説明の大筋は一九八〇年版に至るまで維持される。なお二〇一一年度の検定を受けた二冊の二〇一三年版日本史教科書では、この論理が台湾出兵の説明の軸となっていることは、前章で見たとおりである。

ここで採用されているのが、歴史を国家・国民の単位で語る「ナショナルヒストリー」という語り口である。だがそのナショナルな枠組みは、しばしば歴史を叙述するうえでの限界を示すものでもある(2)。たとえば社会学者のましこひでのりは、国語教育や日本史教育が「「日本」の自明視」や「「国家」への同一化」を促進する装置となっていることを指摘しているが、その『イデオロギーとしての「日本」』（ましこ［1997］2003:156–169）において、「日本」という一元的な空間のなかで琉球・沖縄史を説明しようとすることに伴う数々の矛盾を取り上げている。「琉球領有」に関しては、〈一八七一年に起こった台湾での琉球漁民の殺害を巡って日清間で責任問題がもつれ、軍人や士族の強硬論におされた日本政府が一八七四年に台湾に出兵し、一八七九年の沖縄県設置に至った〉とする説明では、一八七九年に沖縄県が設置されるまで存在した琉球王国の社会空間が捨象され、また琉球漁民の殺害を口実にした出兵によって日本政府が清国政府から「琉球人が日本人であるという答えを引き出した」ことへの理解が促されないことになる（ましこ［1997］2003:162）。山川出版社の世界史教科書もまた、一九五〇年代末から一九八〇年代初頭にかけて、この種の矛盾を帯びた説明図式を採用していたのである。

記述に再び揺らぎが見えるようになるのは、一九八〇年代である。まず一九八三年版で台湾出兵についての従来の説明が取り下げられ、台湾出兵と琉球領有にはそれぞれ一八七四年、一八七九年という年代が併記されて出来事の整序が図られるようになった。また、対外拡張の表現を一九八三年版では「やがて大陸にも進出するようになった」としていたが、一九八五年版では「やがて大陸侵略をはかるようになった」と改められ、二〇〇二年版まで維持されることになった。後述するように、この背景には一九八二年に起こった日本の教科書検定のあり方に対する中国・韓国からの異議申し立てと、それへの対応がある。一九八〇年代には教科書作成プロセスに対して、国際社会からのまなざしを含めた複数の社会的な視線が注がれるようになり、結果として歴史を叙述する際の一元的な視点が相対化されることになるのである。そのように整理された筋道に情報を充実させるなかで、二〇〇三年版での補足説明が登場してきたことが理解できる。

以上「台湾出兵と琉球領有」についての教科書記述の変遷をたどって見えてきたのは、次の事柄である。第一に、台湾と琉球の帰属を説明するために、ナショナルな枠組みに依拠した歴史の語り口が一九五八年版から採用され、一九六四年版で補強されたこと。第二に、一九八三年版から台湾出兵を正当化する論理が削除され、琉球領有との前後関係が整理されたこと。第三に、そのストーリーラインに沿った情報を充実させる形で二〇〇三年版での改訂はなされ、現代の認識枠組みを過去に素朴に適用する見方とは異なる語り口が現れ出るようになったことである。

この歴史事象に関する教科書記述が重要な変化を示したのが、一九五八年版、一九八三年版、二〇〇三年版においてであることが把握できた。以下では、これらの三つを基準点として留意しながら、学校歴史教育を取り巻く状況について整理していきたい(3)。それによって、それぞれの時点で社会状況の変化にいかなる方向性があったのか、また、歴史の語り方に対して社会の側からは何が要請されてきたのかを提示する。

2　一九五〇年代の歴史教科書問題

よく知られているように、第二次世界大戦の敗戦から一九五二年四月までの占領期においては、日本の教育制度の整備は連合国軍最高司令官総司令部の主導のもとで進められた。極端なナショナリズムや高度に中央集権化された教育制度を廃止することが、その時代の目標である。その状況下に流通した歴史教科書には、第二次世界大戦の戦勝国全体を「祖国と民主主義の防衛のために戦うという名分」をもった民主主義国家と称し、敗戦国を「狂暴な軍国主義」といった表現で形容し、戦争責任の所在は軍部に求めるといった傾向があった（岡本 2001: 82-85）。前節で検討した一九五一年版の世界史教科書は、この時期の産物である。

しかし一九五一年九月のサンフランシスコ講和、翌年四月のその発効を受けて総司令部が解消されると、以後、国民国家としての日本の自立性の強調が教育的知識に求められるようになった（岡本 2001: 58-60）。その気運を集約して表現しているのが、一九五五年に日本民主党が提示した『教科書問題報告　うれうべき教科書の問題』である。この年の九月から一一月にかけて、同党はこのタイトルの冊子を毎月発行し、教育的知識の刷新の必要性を世に問うている（日本民主党 1955）。その目次は、以下のようなものであった。

第一集（昭和三〇年九月）
　第一部　商品化されてしまった教科書の実情
　第二部　教科書にあらわれた偏向教育とその事例
　第三部　教科書に対する日共と日教組の活躍

第二集（昭和三〇年一〇月）

第一部　不安にたえない教科書発行の実情

第二部　教科書問題と日本教職員組合

第三部　ずさんな教科書の内容について

第三集（昭和三〇年一一月）

第一部　教壇を利用する「日教組」の商売往来

第二部　教科書の値段は安くできる

第三部　枚挙にいとまのない教科書の間違い

この構成から分かるように、主張は敗戦以後に整備されてきた教育内容を偏向教育として批判するところにあった。その前提として、教科書作成への教職員組合の関わりや、教科書の編集・採択・供給に係る費用についての疑問が投げかけられている。そうした批判から導き出される論調は、自国中心の歴史観の復活と、文部省による教育的知識の統制、および教科書の採択・供給制度の広域化と合理化であったと指摘される（徳武 1995:87–90）。一九五五年一一月には保守合同によっていわゆる「五五年体制」が成立し、占領統治下とは明らかに異なる政治状況が生まれた。文部省はこの状況のもと、教科書検定での指示を通して、「国民社会」を維持存続させるために国民が共有するべき教育的知識の再構築を促していく（岡本 2001:60–63）。

三件の教科書訴訟により教科書検定の違憲性・違法性を世に訴えていくことになる家永三郎は、自身が執筆し一九五三年度から使用された教科書『新日本史』に関して、既に一九五二年度の時点で教科書調査員から「ひどく悪い評定」を受けていたと記している（家永 1965:79）。また『新日本史』改訂版に対する一九五五年度検定では、二一六項目の修正意見が調査員から提示され、家永はそれに準じて回答書と修正原稿を提出したが、文部省からは重ねて三七項目の修正意見が出版社員に対して口頭で提示されたという。家永は、それが調査員の意見なのか、文部事務当局の意見なのかさえも不分明であったことを記している（家永 1965:87）。この時の文部省と執筆者・出版社のあいだのやり取りには次のようなものが含まれており、細かな表現への指摘を通して歴史像が修正されていく様子を見て取ることができる。

［原文］日本軍は北京・南京・広東などを次々と占領し、中国全土に戦線を広げたが
［検定意見］「中国全土に戦線が広がった」と訂正せよ。
［執筆者側の回答文］御意見ではありますが、自動的に戦線が広がるということはないと思います。この場合、日本軍が攻勢をとって戦線を広げなければ広がるはずはないと思い、このままにさせていただきます。（家永 1965:91）
［原文］社会運動は徹底的に弾圧され、労働者は組合を解体して産業報国会に参加することを余

儀なくされた。

［検定意見］「余儀なくされた」という叙述は、当時の国民感情からして全部がそう思っていたので、労働者だけが余儀なくされたというのは、一方的である。

［執筆者側の回答文］「全部がそう思っていた」というようなことは絶対にないと思います。当時、言論出版集会等の表現の自由はまったくなく、国民は圧迫を恐れて官憲の直接間接の強要に表面上従っていたというのが事実だと考えます。労働組合の解体が官憲の直接間接の強要によったことは厳然たる事実であり、労働組合の解体が労働者の自発的意志によったとすることは、かえって誤りになります。（家永 1965：91–92）

戦争に向かう時期の社会情勢をどのように捉え表現するか、そのまなざしの転換がこれらの検定意見によって要求されているといえる。前者の例では、戦線拡大の主体を日本軍とする像を家永が提示しているのに対して、検定意見はそれを自然現象のように表現することを求めている。後者の例では、労働者という社会集団の状況を記述している家永に対し、国民を一体のものとして捉える立場からの検定意見が示されていることになる。戦線拡大や世論の主体を曖昧に表現させようとする検定意見が、それらの事象における主体と客体の関係性を明確にしようとする家永の叙述——しかも『新日本史』では既に採用されていた語り方——と対峙している点に注目できよう。

こうした働きかけのあった時期に、山川出版社の世界史教科書にもこれに関わる変化があった。

十五年戦争の始まりについて、一九五一年版ではその理由を軍部の独走に求め、それが一般国民から乖離した動きであったとする観点が採られていた。だが一九五六年版ではその種の説明が全面的に削除されている。政府に対する国民の失望を埋め合わせる存在として軍部が登場したという表現がなされており、一般国民と軍部との繋がりが、少なくとも一般国民と政府との繋がりと同程度には、想定されることになるのである（岡本 2001:82-85）。軍部を一般国民から距離のある存在としつつその独走に戦争責任を帰する思考法は、一九五六年版以降の書き方によって解消された。この時期の歴史叙述の再構築は、「国民」のあいだの断絶を取り除く形で、国民の一体性を回復する方向でなされたといえる。

国家の「主権」に関しても、その継続性に関わる歴史像の再構築が行われている。対象となったのが、第二次世界大戦での日本の「無条件降伏」という記述である。一九六〇年代後半、この記述に対する検定意見として「ポツダム宣言のような条件があったから、無条件ではない。事実に照らして改めよ」というものが提示され始めた（日本出版労働組合協議会『第一七次日教組・第一四次日高教　教育研究全国集会報告書』一九六八年、四頁）。ポツダム宣言は日本軍に対する「無条件降伏」を促したものであり、日本国はそれを条件として受け入れたのであるから、その降伏は「無条件」でなされたものではない、とするのがこの見解の論理である。山川出版社の世界史教科書でも一九七三年版から、「日本側は御前会議でポツダム宣言受諾を決定し、一五日降伏した」となり、それまでの版にあった「無条件」という言葉が削除された。また一九八三年版では脚注において、ポツダム宣言は「日本軍の無条件降伏と、降伏後の日本の処遇についての基本的方針を明らかにしたものである」と補足説明されるようになった（岡本 2001：80–82）。その後も多少の表記の修正が行われつつ、二〇一三年版『詳説世界史B』（三六九—三七〇頁）に至るまでこの論理は維持されている。

国家の主権とは一般に、その国家自体の意思以外の何ものにも支配されない国家統治の権力のことをいう。占領期の日本は連合国軍最高司令官総司令部の存在によってこれが断たれた状態にあり、占領統治下ではそれが事実として認識されていた。しかし日本が主権国家の地位に復帰した後には、主権の継続性が過去に遡って構想され、歴史の語り口もその構想を可能にする形式へと更新されていったといえる。

前節で見た「琉球領有」の教科書記述の変遷は、「領土」に関わる歴史像の再構築のプロセスでもあるが、そこにナショナルな枠組みがあてがわれたのは一九五八年版からであった。一九五〇年代における歴史教科書を取り巻く状況は、このように国家の三要素といわれる「国民」「主権」「領土」についての語り方の刷新を求めるものだったといえる。日本が占領状態を脱し自立的な国民国家として回復するのに合わせて、歴史の語り口は変化した。国民社会の再建に寄与する歴史像を提示することが、この時期の教育的知識に対する社会の側からの要請であった。

3　世界社会への接続

その後、一九六〇年代から一九七〇年代にかけての歴史教科書は、ナショナルな枠組みを強化しつつ自国の擁護・称賛に関わる情報を増加させていった（岡本 2001:99–127）。その好例が、日露戦勝についての「日本の勝利が、アジア諸民族に与えた影響は少なくなく、各地に民族的な覚醒がみられた」という説明であり、山川出版社の世界史教科書では一九六四年版で登場している（岡本 2001:115–116）。それまでの教科書には存在しなかった、ナショナルプライドに基づく価値判断が盛り込まれるようになったことがこの時期の特徴である(4)。

しかし他方、日本国民の活動領域が次第に再び国民社会の外側に拡大するようにもなったのがこの時期である。一九五〇年代以来の賠償交渉による東南アジア諸国との交流の再開、一九六四年の海外渡航自由化、一九六五年の日韓基本条約、一九七二年の日中共同声明などに導かれて日本人の活動が世界に向かうようになると、国民社会の外部との接続に必要な視点や概念が新たに提案され、教育的知識の再編が生じることになった。一九七〇年代半ばから一九八〇年代初頭の教科書検定では、教科書執筆者・出版社の側が新たな術語を提示し始め、文部省側がそれらを統括するために国家の立場のさらなる強調を行う、という図式が成立した（岡本 2001:68–69）。

教科書出版社が「南京虐殺事件」や「中国人・朝鮮人の強制連行」についての情報を教科書に取

り入れようとし始めたのも、一九七〇年代の半ばからのことである。一九七〇年代の現実のなかで日本人が中国人や韓国人との関係を密にしていくのに応じて、教育的知識における過去の出来事の像も解像度を上げることになったと理解することができる。こうした改訂箇所のうち戦時中の出来事については、この時期の文部省は軍や政府の組織的な関わりを弱めようとする立場からの検定意見を多発している（岡本 2001：69-71）。

興味深いのは、帝国時代の「朝鮮人」について、文部省は他のアジアの民族・国民とは異なる扱いをしている点である。この時期にはそのことが、「朝鮮人の強制連行」に関する記述のあり方を強く拘束した。たとえば一九八〇年には「朝鮮人と中国人を区別して書くこと。当時朝鮮は、日本の領土であり、国民徴用令を適用したもので、朝鮮人の場合強制的とはいえない」という検定意見がある（日本出版労働組合連合会『教科書レポート No.26』一九八二年、四九頁）。また一九八一年には、「中国と朝鮮が並列的表現となっており、誤解をまねく。当時の実情（朝鮮人は日本国民）をふまえて」とする検定意見がある（『教科書レポート No.27』一九八三年、四四頁）。こうした検定意見の例からは、当時の「朝鮮人」をサブナショナルな概念とし、「日本国民」というナショナルな概念がそれを包含するという論理を見て取ることができる。「国民徴用令」が形式的にでも適用された連行であればそれを「強制的とはいえない」とする論理の前提には、国民の一体性を求めるこの時代の歴史の語り口がある。

ナショナルな枠組みに依拠した歴史叙述の、これも限界の一つである。人間の社会的諸活動が国民社会の内部に限定されるものではなくなったとき、外部の社会的現実に参加するためにはそこでの価値や規範を内面化する必要が生じる。しかしナショナルな枠組みが最優先される学校歴史教育においては、国民社会での価値・規範と世界社会でのそれらとの十全な接続が困難になる局面が生じる。

増加する新情報をナショナルな枠組みから整理する作用は、当時の政治状況によっても支えられていた。政治学者の大嶽秀夫は、この時の文部省による教育的知識の統制の背景にあった自由民主党と経済界からの要請について分析している（大嶽 1996:147-174）。自由民主党は一九八〇年一月から機関紙『自由新報』において論説「いま、教科書は…　教育正常化への提言」を連載し、検定制度の強化の提言を展開した。同年六月の衆参同日選挙での自由民主党の圧勝は「保守回帰」の社会意識を証明し、これによって教科書内容への批判が後押しされた。また経済界からも、公民教科書に「商社のリベート」や「誇大広告の批判」が掲載されていることを挙げて、教科書検定がこうした記述を統制できていないことを批判する論調が高まった。文部省はこれらの批判に対応すべく、検定済みの教科書も含めた修正の要請を行ったという（大嶽 1996:149）。

そのような状況で行われる教科書検定の内容に国外からの批判が向けられたのが、一九八二年六月である。この時の中国からの抗議を、当時の『朝日新聞』が次のように報じている。

「中国侵略をわい曲」　新華社通信　教科書検定に反発

【北京二十七日】来春から高校と小学校で使われる教科書の検定で、中国への「侵略」に関する記述が文部省の指示によって大幅に変えられたことについて、中国の新華社通信は二十六日、東京発のニュースを流し、「文部省の検定は、日本の中国侵略を粉飾するため歴史を歪曲（わいきょく）したという声が強い」と報じた。中国側の公式論評はまだ出ていないが、新華社の素早い報道ぶりから見て、中国側が強く反発していることを示している。

新華社のニュースが指摘した「歴史の歪曲の事例」は①一八九四年、日本の艦隊が中国の海軍に不意打ちをくわせたのに「日本と清朝の間の海戦」と変えた②一九三一年九月十八日、日本陸軍が中国の東北（満州）に侵略したが、これを「日本軍による南満州での鉄道砲撃」と記述した③一九三七年の「日本の中国への全面侵略」を「全面的な攻勢」と変えた――などである。（『朝日新聞』東京版一九八二年六月二八日朝刊　二二面）

昭和前期の日本国民の大陸への展開を「侵略」と表現した申請本に対し、教科書検定が表現を改めさせたことが、抗議の対象となった。この件についていては、たとえば一九七六年の「侵略政策という表現が適切か」という検定意見や（『教科書レポート　No.21』一九七七年、一九頁）、一九七七年の「まずい。「侵略」は進出あるいは侵入とせよ」とする検定意見のように（『教科書レポート　No.23』一九七九年、二四頁）、一九七〇年代から争点となっていた。そして一九八〇年の検定事例には、

「自分の国の歴史の教科書としても「侵略」ということばはいかがかと思う」とするものが登場している（『教科書レポート №26』一九八二年、四九頁）。教育的知識の刷新の動きに対して文部省は自国中心の立場からの情報整理を行っていたが、それが国民社会の外部から疑問視されたのである。

その結果、一九八二年一一月には教科用図書検定基準に「近隣のアジア諸国との間の近現代の歴史的事象の扱いに国際理解と国際協調の見地から必要な配慮がされていること」とする近隣諸国条項が追加された。国民社会を構築するための価値と規範の整備に注力してきた教科書検定に、国民社会の外部との関わりを判断材料として含める仕組みが出来上がったといえる。また、一九八〇年代には文部省のみならず教科書執筆者の側からも教科書検定事例の公開が行われるようになり、教科書作成のプロセスに対して複数の社会的な視線が常に向けられる状況が成立した。

この状況のもとで、教科書検定の傾向も確かに変化し始める。たとえば朝鮮人の連行に関しても、かつて採用していた「国民徴用令を適用したものであるから強制的とはいえない」という考え方はこの時期に取り下げられ、その実態の検証に検定意見の論点が定められるようになった。連行された人数に関しては、それをなるべく少なく表現させようとする傾向は存在したものの、連行が強制的であったことの可能性は問われなくなった。教科書検定が自国の立場の自動的な擁護から歴史事象に対する学術的な検証へとそのアプローチを変化させたことは、教科書記述を精緻化させる方向性を生じさせることになったともいえる（岡本 2001 : 72-76）。

山川出版社の世界史教科書も、このような社会制度の変化を背景として、一九八三年版で大きく内容を刷新している。第1節で見たように、一九六〇~七〇年代に掲載されていた「台湾出兵」の根拠となる論理は、一九八三年版から削除された。同様に、「南京虐殺事件」や「三・一運動」が掲載されるようになったのも一九八三年版からであり、双方ともその後の一九九四年版でさらに詳細な情報を与えられることになる（岡本 2001:89-113）。総じて、アジア諸地域に関する情報が増加し続けていくのが一九八〇年代以降の教科書の傾向である。

必然的に、それらの国々と日本との関わりを意識させる情報も増えることになる。とくに日清戦争以降のアジアでの日本の展開については、その実態の記述が精緻化されることによって、日本に対して必ずしも好意的とはいえない説明が増加することにもなった。これを以て一九八〇年代半ば以降、学校歴史教育での自国に対する批判が過ぎるという異議申し立てがたびたび繰り返されるのだが、しかし精緻化され客観化される歴史叙述は、殊更に日本に対してのみ批判的であるわけではない。このことは、日本と戦勝国との関係についての記述を見るときに、よく理解できる（岡本 2001:120-125）。

たとえば「原子爆弾」の被害について、山川出版社の世界史教科書では一九五一年版以来、「八月六日広島に原子爆弾を投下した。……九日アメリカ軍は再び長崎に原子爆弾を投下」と、短い言及がなされただけであった。一九五六年版で原爆雲の写真が掲載されたが、その後も被害についての具体的な情報は掲載されていない。しかしこの件についても、被害者数に関して初めて具体的な情報を掲載し、現在に至るまでの被害の状況を伝えるようになったのは、一九八三年版からである。

「シベリア抑留」についても同様である。一九五一年版では一九四五年八月九日にソビエト連邦が日本に宣戦・進撃したことのみが説明され、一九六四年版で日ソ中立条約が無視されたことが補足されるものの、日本人捕虜の被害については言及されていなかった。一九八三年版において初めて、「戦後、ソ連邦は多数の日本人戦時捕虜をシベリアなどに長期間抑留し、強制労働に服させ、多くの死亡者を出した」という説明が掲載されたのである。

これらの記述は、二〇一三年版の教科書では次のようになっている。

アメリカは、八月六日広島に、さらに九日に長崎に新兵器の原子爆弾を投下して、両市を壊滅させた。①

【脚注】①原子爆弾によって、広島では被爆後五年間に二〇万人以上、長崎では一四万人以上の市民が死亡し、現在も後遺症に苦しむ人々がいる。

【写真】広島の爆心地付近　原子爆弾による一般市民の無差別大量殺害と残留放射能による被害は、戦後も国際的に大きな人道問題となった。写真は原爆ドーム（旧県産業奨励館）。（山川出版社『詳説世界史B』三六九頁）

ソ連はヤルタ協定に基づき、日ソ中立条約の規定を無視して、八月八日日本に宣戦し、中国東北地方をはじめ、朝鮮・樺太に軍をすすめた。①日本の降伏直前のアメリカ合衆国とソ連の軍事行動は、戦後世界で主導権をにぎろうとする意図があった。

【脚注】①ソ連は一九四五年四月、日ソ中立条約破棄を日本に通告したが、規定では条約は破棄通告後一年間は有効であった。なお、ソ連に降伏した軍人、さらに一部の居留民あわせて約六〇万人がシベリアなどソ連各地に長期間抑留され、悪条件下での労働で多くの死者を出した。（山川出版社『詳説世界史B』三六九—三七〇頁）

この説明のストーリーラインは一九八三年版で打ち出され、表現の修正を重ねながら維持されてきたものである。ここから分かるように、一九八三年版以降の記述の精緻化は、アジアに対する日本の加害性を詳細に記述する語りを成立させたのと同様に、日本側の被害に関する情報をも綿密に整備している。「原子爆弾による一般市民の無差別大量殺害」「国際的に大きな人道問題」「悪条件下での労働で多くの死者を出した」といった表現は、「原子爆弾」や「シベリア抑留」といった事象が、人間性そのものにとっての抑圧として把握されていることを示している。教科書における情報が精緻化していくという変化は、ある特定の人間集団に対する批判的な情報を増大させるだけのものとはいえない。国民社会の内外の価値・規範を相互に接続させる動きとして、これらの変化は理解される必要がある。

しかしながら留意しなければならないのは、記述の増加や情報の精緻化も、国家・国民を単位とした歴史の説明のなかで進行している点である。日本や中国、アメリカやソビエトといった諸々の国家を表現するなかで、歴史像の解像度は高められてきたのだといえる。その意味では、これまで見てきた近現代史の記述はナショナルヒストリーの語り口によってなされたものにほかならず、第一章で見たような、世界を一体化したものとして捉える視座、あるいは、アメリカの歴史学者ウィリアム・マクニールが「世界史」を描くに当たって採用しているような俯瞰的な視座は、採られていない（McNeill［1967］1999＝2008）。この節で取り上げた教科書記述の変化は、歴史叙述のナショナルな枠組みを維持しながら、その枠内で情報を充実させることで、国民社会の内外からの要請に対応したプロセスだといえる。

4　国民社会の相対化と再定位をめぐるせめぎあい

一九八〇年代以降の歴史教科書から示されたのは、いわゆる国際化やグローバル化の進展のもと、社会における人間やモノの流動性がいっそう高まるにつれて、次世代に伝達すべき教育的知識が変化せざるを得なくなったという事実である。山川出版社教科書の一九九四年版、二〇〇三年版、二〇一三年版での改訂状況を見ても、歴史事象を説明する際の情報の量的増大と質的精緻化、および国民社会の外部の価値・規範との接続は、その後も引き続いていることが分かる。国家や国民という概念そのものを対象化しようとする二〇一三年版世界史教科書で試みられた語り口は、その流れの先に位置していることになる。それは、国民国家の原則——人びとが帰属対象としての人間集団カテゴリを国家の上位に認めないことで成り立つ原則――を相対化するものだといえる。

しかし内容の変化がありつつも、国家がそれを管理監督する以上、そこには一定の方向性を維持する力が働くことにもなる。学校歴史教育においてナショナルヒストリーという歴史の語り口が採用され続けることは、教科書検定制度や学習指導要領といった教育制度が存在していることと無縁ではない。むしろ一九九〇年代から二〇〇〇年代にかけての歴史教科書をめぐる社会的議論では、この「国民の歴史」という語り方に着地点が繰り返し見出されたともいえる。「従軍慰安婦」や「沖縄戦」を歴史教科書がどのように扱うべきかという議論を、その具体的な例として見ることができる。

一九九〇年代には従軍慰安婦に関する教科書記述の是非が社会的に議論されたが、この歴史事象が学校歴史教育で取り上げられるようになったのも、アジア関係の情報の精緻化の一環であった。だがその流れに対する異議申し立てがなされる際に取られたのは、「日本の教科書」「日本の教育」にこれが相応しいのかを問う観点であり、そのうえで、たとえば日本という「国家」と韓国という「国家」のあいだの問題として、歴史像の正当性を争う構図が成立していったのである。先に見たように、過去の教科書検定では「当時の実情（朝鮮人は日本国民）をふまえて」という意見がむしろ提示されていた。そのことを勘案すれば、この事象が日本の「国民の歴史」の枠内で取り上げられることはむしろ自然であるはずなのだが、ここでも「現在」の国家の枠組みが過去にあてがわれることが優先されたことになる。

またこの問題は、上野千鶴子がその『ナショナリズムとジェンダー』（上野［1998］2012）で提示したように、男性と女性、あるいは植民地における抑圧者と被抑圧者というカテゴリ間の対立図式で検討する意義も大きかったはずだが、社会的議論においては国家間の対立の構図からの見方が支配的なままであった。学校歴史教育に関する論題として捉えられたがゆえの限界がそこにはある。

なお二〇一二年版の中学校用歴史教科書では、七社の教科書いずれにおいても慰安婦についての記載はない。「多数の朝鮮人や中国人が、意思に反して日本に連れてこられ、鉱山や工場などで劣悪な条件のもと過酷な労働をしいられました。こうした動員は女性にもおよび、戦地で働かされた人もいました。戦争末期には徴兵制が朝鮮や台湾でも実施されました」とするのが、東京書籍『新しい社会　歴史』（二一一頁）による戦時下の植民地・占領地の状況についての言及であり、このような記述が標準的な説明となっている。高校用教科書では、新たに検定を受けて二〇一三年度から使用され始めた日本史A・Bの教科書六冊のうち、明成社のもの以外で慰安婦への言及がなされている。世界史A・Bの教科書一三冊では、六冊が言及している。義務教育段階であるか否かという点、学習段階の系統性といった点が、この事象の扱いを分ける事実上の基準となっているようである。

次に、二〇〇〇年代の歴史教科書論争の焦点となった「沖縄戦」をめぐる社会的議論においても、ナショナルな枠組みが掲げられることによって問題に「解決」がもたらされる様子を見ることができる。併せてこの問題は、そうした認識のすり合わせ方が社会的葛藤を残存させることの例にもな

っている。(5)

教科書における「沖縄戦」の記述をめぐる社会的議論は、二〇〇六年度検定の結果が二〇〇七年三月末に公表されたことから高まった。文部科学省に提出されていた一〇点の申請図書のうち七点に対して修正が指示され、その際、教科書調査官による調査を経て教科用図書検定調査審議会第2部会日本史小委員会が付した検定意見は、「沖縄戦の実態について誤解するおそれのある表現である」というものであった。大戦末期の沖縄における民間人の集団自死（いわゆる集団自決）を説明する記述に対して、この検定意見は、日本軍からの働きかけを受けた死者が戦争犠牲者一般に含まれるように、また自決の主体性が住民に帰属するように、申請図書の表現を変更させる機能を果たしていた。

この検定結果が報道されて以降、集団自決に対する「軍の強制」ないし「軍の関与」をより小さく見積もらせる当該検定意見の妥当性をめぐって、多くの議論が重ねられることとなった。沖縄県では、県議会に加えて県内四十一の市町村すべての議会で、検定意見の撤回を求める意見書が可決され、全国でも複数の地方議会が同様の議決を行った（『朝日新聞』東京版二〇〇七年七月五日朝刊三三面）。文部科学大臣および文部科学省はこうした政治的動向に対し、当初は、検定意見は検定調査審議会で決定されるものでありそれに対して介入することはできないとする立場を表明していたが（『朝日新聞』東京版二〇〇七年六月一五日夕刊一六面）、九月二九日に沖縄県宜野湾市で「教科書検定意見撤回を求める県民大会」が開催されると、対応策の検討を始めることとなった（『朝日新

聞』東京版二〇〇七年一〇月二日夕刊一四面）。

具体的には、教科書会社からの訂正申請を受け付け、その内容について検定調査審議会の判断を求めるという段取りが模索されたのである。ただしこの手続きでは検定意見それ自体は見直されることがないために、日本出版労働組合連合会は一〇月一二日、文部科学省に対して検定意見の撤回をするよう申し入れを行っている（『朝日新聞』西部版二〇〇七年一〇月一三日朝刊三三面）。だが、翌年春から新教科書を使用できる状態にする必要を優先するとされて教科書訂正の手続きが急がれ、文部科学大臣が教科書会社の訂正申請を承認するという形でこの問題に決着点が示されることになった。再度改められた教科書では、集団自決の要因や背景を複合的なものとして記述し、その要因・背景の一つとしての「軍の関与」が示されることとなった（教科用図書検定調査審議会第2部会日本史小委員会『平成一八年度検定決定高等学校日本史教科書の訂正申請に関する意見に係る調査審議について（報告）』二〇〇七年一二月二五日、別紙一―一二頁）。

この一連の社会的議論を通覧することで理解できるのは、教科書で提供されるナショナルヒストリーに関して複数の歴史像が提示され、それらの像の妥当性が「国民的議論」の対象となり、教科書検定制度という「国家的制度」の内部で収束が図られていく様である。国民の意思表示を踏まえて制度の運用に柔軟性が示されたことには、かつての教科書についての議論が高まった時代とは異なる状況を指摘することもできる。しかしこの問題が徹頭徹尾国民という枠組みのなかで議論され、「解決」されたことに、やはり限界は指摘することができる。具体的には、次の二点を挙げることができよう。

第一には、集団自決の根本的な原因としての「軍の強制」を明確化する論点が欠落してしまったことである。出版社からの訂正申請を受けて成立した教科書記述では、集団自決について主として「軍の関与」が説明され、「軍の強制」についての言及が相対的に弱いものとなった。これについては二〇〇七年の一二月末においても沖縄県内からの反発が強く、九月の県民大会の実行委員会（委員長は沖縄県議会議長）が、「日本軍による強制」との記述を入れるとともに検定意見を撤回するよう求める要請書を、総理大臣および文部科学大臣に提出することを再度決定している（『朝日新聞』東京版二〇〇七年一二月二九日朝刊二七面）。しかしながら、文部科学大臣との面会は沖縄県選出の国会議員が仲介を拒否したことから実現せず、要請書は文部科学副大臣に渡されることとなった。この際、「検定意見は消えたんです」「いまさら振り出しに戻すような話には同調できないというのが本音だ」という国会議員側の意見が報道されている（『朝日新聞』西部版二〇〇八年一月一六日朝刊二六面）。

しかしながら、そもそも沖縄県議会で可決された検定意見の撤回を求める意見書も、「軍の関与」までのみを求めたい保守陣営の賛成があってこそ成立したものであった。意見書の文案調整では、野党側が集団自決について「軍の命令・強制・誘導などによる」と明記するよう求めたのに対し、与党側は難色を示していた。双方が意見書の可決を優先する結果として、「日本軍による関与」との文言で折り合ったといえる（『朝日新聞』西部版二〇〇七年六月二〇日朝刊二六面）。沖縄県議会が意見書で「軍命」という言葉を避け「軍の関与」でまとめたことにより、文部科学大臣の「さすがに一つの政治の知恵だ」という認識が引き出され（『朝日新聞』東京版二〇〇七年九月三〇日朝刊二面）、後の訂正申請による記述の再修正の道が拓けたことになる。争点をナショナルな議題として設定することで、あらかじめ歴史像の取捨は行われていることが分かる。

またもう一つの留意すべき点が、従軍慰安婦問題との非対称性である。沖縄戦については歴史教科書でどのように描くべきかが議論の対象となり得たのに対し、一九九〇年代の従軍慰安婦に関する議論では教科書記述の内容よりも、それを教科書に掲載すること自体の是非がより焦点化されていた。沖縄が現在、日本という国民社会に帰属し、過去においてもまたそうであったとする思考が前提にされるからこそ、記述内容をめぐる争点が成立し、出版社側からの訂正申請を文部科学省が承認するという政治的決着が可能になった。しかし、現在において国民社会の内部に位置しない従軍慰安婦という存在は、過去には確かにその内部に位置づけられていたにもかかわらず、歴史として伝達されるべき像が十分具体的に模索されることはない。戦争による犠牲者の多様な現実を同様に表現し得るこれら二つの主題は、学校歴史教育のなかでは別様に取捨されているといえる(6)。学校歴史教育がもっぱらナショナルヒストリーという語り口によって営まれることから生じる矛盾は、この点においても捉えられる必要がある。

第一章で行った新たな教科書の内容の検討を受けて、本章ではそこに至るまでの歴史の語り口の変化を根拠づけるべく、歴史教科書問題の論点の推移をたどってきた。これまで提示してきたそのプロセスからは、学校歴史教育の基調が時代ごとに揺れ動いたことが把握できるだろう。それは一九五〇年代には国民社会の再建に、一九七〇年代後半からは世界社会への接続に据えられ、さらにその後は、国民社会の相対化と再定位が同時に作用する状況となった。そのなかで、ナショナルな枠組みに依拠して歴史が教育されることの原理的な問題も見え始めていることになる。このナショナルヒストリーという語り口の問題について、次章で検討する。

注

（1）岡本（2001）において筆者は、二〇世紀後半の日本の歴史教科書の内容の変化を検討し、教科書の改訂に向けられた社会的力の推移を論じた。そこでは、最も多くの日本国民の手に渡された教科書の一つとして山川出版社の高等学校用『世界史』を取り上げ、この有力なテキストの変化をたどった。本章ではそこで取り上げられた事象の一部を指示しながら話を進める。本章で言及される個々の事象の背景や意味をより詳細に把握するためには、同書も参照のこと。

（2）ここでのこの議論は、岡本（2011c）の第一節を基礎としている。またこの論文の内容は断片化されたうえで本書の各所に組み込まれている。

（3）筆者は既発表物においてこのような時期区分を現象の推移を記述するための基礎としてきた。Okamoto（2008）もそのうちの一つである。本章の以降の議論は、それらの内容に大幅な編集と加筆修正を施して構成している。

（4）この記述は表現を変えながらこの後も維持されるが、二〇〇三年版『詳説世界史B』で変化した。「ヨーロッパの大国ロシアに対する日本の勝利は、アジア諸民族の民族的自覚を高めたが、その後の日本は、むしろ欧米列強とならんで大陸への帝国主義的進出をすすめた」（二七五頁）となり、より俯瞰的な視点から日本とアジア諸民族との関係が説明されることになった。二〇一三年版『詳説世界史B』でも同じ文言が維持されている（三二四頁）。

（5）本節の以下の部分の初出は、岡本（2009a）である。またこの論文の内容は断片化されたうえで本書の各所に組み込まれている。

（6）従軍慰安婦に関わる記述に対するこの時期の検定意見の方針を理解するためには、たとえば『教科書レポート　No.50』（出版労働組合連合会、二〇〇六年）の「二〇〇五年度高等学校教科書検定内容」（五九―六七頁）なども参照のこと。

第三章　リスクとしての歴史教科書問題

1　「沖縄戦」記述の発端

「沖縄戦」記述に対する検定判断をめぐっては、議論がまさに国民的なものとなったがゆえの着地点が模索されたことを前章で見た。具体的には、検定意見の含意として集団自決に対する「軍の関与」が認められる代わりに、「軍による強制」については明確にされないという手法が生まれた。国民のまとまりを重視する歴史の見方が、一定の性格をもつ歴史像を導いたことになる。琉球・沖縄についての教科書知識は、常にこの「国民の一体性」を導くメッセージを背負わされる傾向にあるといえるが、そのことは第一章で確認したように、とりわけ高校用の日本史教科書で顕著であった。

この章ではまず、高校日本史教科書における沖縄戦の像が、第一章で取り上げた二〇一三年版の状態に至るまでにどのような経緯を経たのかをまとめておきたい(1)。ナショナルな枠組みが歴史像の統御にいかに作用し、国民社会の再定位に寄与するのかを理解するためである。そして後半では、アメリカ合衆国での歴史教科書問題の論点を参照し、日本の教育制度とは異なる仕組みをもつ社会においても、歴史像に対する同様の統御が作用することについて、考えてみたい。

さて、沖縄戦については、管見では一九七〇年代に入ってからいくつかの教科書において情報の掲載が模索されるようになったものであり、しかも当初の記述は限りなく希薄であった。沖縄県の施政権は一九七二年にアメリカから日本に返還されたが、「現在」において日本社会が沖縄を含むことを現実的に考えられるようになったことで、それを表現する歴史像の組み直しが開始されたといえる。

高校用歴史教科書として最も採択率が高い山川出版社の『詳説日本史』をここでも取り上げることとし、試みにその一九七五年版を開いてみると、大戦末期の沖縄については、「一九四五(昭和二〇)年四月アメリカ軍は沖縄に上陸し、日本の敗北が目前にせまると、小磯内閣が退陣して戦争終結の任務を期待された鈴木貫太郎内閣が成立した」(三一八頁)という一文に示されるのみである。一九七〇年代の教科書検定で付された検定意見を通覧してみると、沖縄については復帰後の基地問題の説明の内容が主たる争点であり、「軍事基地のことが強くですぎている。自然・産業などを大きな活字で記せ。軍事基地をゴチックにする必要はない」といった部分が争点であったことが分かる（一九七六年度検定意見、『教科書レポート　No.21』一九七七年、九頁）。また、沖縄戦に関しては、たとえば「第二次世界大戦末、沖縄本島などがはげしい戦場となり、……住民では約一五万の死者を出した」とした中学校社会科教科書申請本に対して、「死者の数字を確かめよ」という検定意見が付されるように、戦争犠牲者の数の検証が主であった（一九七九年度検定意見、『教科書レポート　No.24』一九八〇年、二七頁）。

こうした状況下に教科書執筆者・出版社は、一九七〇年代の社会科学の成果を教科書に取り入れ、歴史像の精緻化を図ったことになる。沖縄戦についてはその実相の表現が試みられ、日本軍による沖縄住民への加害も言及されるようになる。たとえば一九八三年度の高校現代社会での教科書検定では、「沖縄では、第二次世界大戦中、日本で唯一の陸上戦が行われ、約一八万八〇〇〇人の死者を出した。うち、一般住民の死亡は約九万四〇〇〇人であった。県民の死亡総数は県人口の約二〇%に達し、スパイ容疑や戦闘のじゃまになるなどの理由で、日本軍に殺害された県民も少なくなかった」とする記述に対し、「「県人口の二〇%」根拠を示せ。また、集団自決をいれたらどうか」との修正意見が付された（『教科書レポート　No.28』一九八四年、一八―一九頁）。同年の高校日本史教科書の検定においても、「一九四五年の沖縄戦では、軍人と県民約二〇万人が死んだが、このなかにはスパイ行為などの理由で日本軍に殺害されたり、自決を強要された県民の例もあった」とする記述に対して、「一部を肥大させることなく、全貌を客観的に。ここでは、比重からして集団自決を先に書け」という修正意見が付されている（『教科書レポート No.29』一九八五年、七五頁）。沖縄戦における住民の「集団自決」は、戦争犠牲者の内訳の相対的に大きな部分を占める原因として、当時の検定意見の側から提示され、歴史教科書での言及を促されていた。

このような内容の一九八〇年代初頭の検定意見は、家永三郎の日本史教科書に対しても付されており、家永はそれを不服として自身の教科書裁判の第三次訴訟の争点の一つとした。家永は検定意見への疑問として、「「自決」という、あたかも自発的意志による死であるかのような印象を与える用語をまず第一に書かせること」、また「「集団自決」による死者数が「いちばん多い」と言うけれど、沖縄での死者の正確な死因別統計もないのに、「いちばん多い」という比較ができるわけがない」という点を掲げている。そして、検定側が望ましいとする沖縄戦の記述は、日本軍による加害のイメージを和らげ、軍民が一体となっていた印象を与えるものなのではないかと指摘していた（家永 1993：232–233）。

自決は自らの意思によって行われるのであるから、通常の戦争犠牲者とは異なる、とするのが教科書検定意見の含意であったと捉えることができるのである。すなわちこの時期の教科書で提示された歴史像は、沖縄戦についての情報を新たに含めつつも、「国民」という存在の一体性を損なわないように整備されていたことになる。歴史事象を評価する社会的価値が多元化し、またその環境下で教育的知識の多様化・精緻化が進められたのが戦後三〇年を経た日本社会であったが、教科書で提示される歴史像はナショナルな枠組みの内側で整理され、国民の一体感を損ねることのより少ないものへと調整されたことになる。

しかしその後も歴史像の多様化・精緻化は不可逆的に要請され、歴史教科書に掲載される情報も徐々に変化を余儀なくされる。山川出版社の『詳説日本史』では、一九八六年度の検定を経た一九八八年版から、本文の「アメリカ軍は……四月沖縄本島に上陸した」という箇所に以下の注釈が付される形で、沖縄戦の状況に言及するようになった。

六月に守備隊が全滅するまで、沖縄の戦闘は約三ヶ月間つづいた。日本軍は推定九万人余の戦死者をだしたが、非戦闘員の犠牲者は約一〇万人にも達したと思われる。犠牲者は中学生・女学生にもおよび、男子生徒は鉄血勤皇隊、女子生徒はひめゆり学徒隊などを編成して戦い、多くの死者をだした。（山川出版社『詳説日本史』一九八八年版、三三二頁）

この時点では、民間人の戦争犠牲者についての記述は軍民の一体性の範囲内で行われており、民間人死者の死の理由の多様性、すなわち集団自決などの理由を十分に伝達することには至っていない。沖縄での自己犠牲を、一体性をもった国民の動きとして描く点に力が注がれている。しかし一九七〇年代までの教科書が沖縄戦の内実について、後の教科書検定で争われるような記述をそもそも含んでいなかったことと比すれば、この記述もまた歴史教育の基調の変化を示しているといえよう。この記述は表記の改変を加えながら一九九〇年代を通して維持された。

2　二〇〇七年の社会的議論の帰結

再び変化が生じたのは二一世紀に入ってからである。『詳説日本史B』では二〇〇一年度の検定を経た二〇〇三年版から、本文に「沖縄戦」の名称を登場させたうえで、以下の内容の独立した囲み記事が設けられるようになった。

日本軍は、中学生・女学生をふくむ沖縄島民多数を動員して、上陸したアメリカ軍に激しく抵抗した。アメリカ軍は、海と空から大規模な砲撃・爆撃をおこない、火焔放射器による徹底した掃討作戦を展開したので、一般島民にも甚大な被害が生じた。日本軍将兵と島民は本島の南端に追いつめられ、看護要員の女学生たち（「ひめゆり隊」など）の悲劇や、日本軍の島民に対する残虐行為・集団自決の強要などが生じた。沖縄戦の日本側死者は、軍人九万人余りに対して、非戦闘員約一〇万人。地元出身者の軍人をふくめると、約六〇万人の沖縄県民のうち、五分の一に当る一二万人ほどが犠牲になったとみられる。（山川出版社『詳説日本史B』二〇〇三年版、三四三頁）

ここでは一九八〇年代の版以上に踏み込んで沖縄戦の状況を紹介している。沖縄住民が犠牲になる様相として、アメリカ軍の攻撃、悲劇的な戦況、そして日本軍による加害が列挙されることとなった。また「集団自決」の扱いも、それを素朴な殉国美談に収めぬよう、強要する力の存在、すなわち軍からの強制性が示唆されている。かつての教科書記述に比べれば、状況の複合的要因を幅広く捕捉する観点が採られており、軍民の一体性を前提にする記述とは異なるものが提示され始めたといえる。

ただしその直後、二〇〇五年度の検定を経た版で『詳説日本史B』は再び変化し、記述を単純化させることとなった。以下が、二〇〇七年版での沖縄戦に関する囲み記事の内容である。

沖縄本島の中部に上陸したアメリカ軍は、付近の二つの飛行場を制圧し、島を南北に分断した。この間、日本軍は特攻機を投入した航空総攻撃をおこなったが、アメリカ艦隊を沖縄海域から撃退することはできなかった。沖縄を守備していた日本軍は、アメリカ軍を内陸に引き込んで反撃をする持久戦態勢をとったため、住民をまき込んでの激しい地上戦となり、敗残兵や避難民はしだいに島の南部に追い詰められていった。六月二三日、組織的な戦闘は終了した。日本軍の戦死者は六万五〇〇〇人に達し、一般県民も一〇万人以上が戦没した。沖縄県は一九九五年、沖縄戦で亡くなった全戦没者（アメリカ側も含む）の名を刻印した「平和の礎」を建設した。（山川出版社『詳説日本史B』二〇〇七年版、三四三頁）

ここでは戦争犠牲者の背景を説明する諸要素が削除されている。状況を複合的に表現する筆致で歴史像の精緻化が進められていた近年の流れに対して、情報量の縮減が生じていることになる。そしてこの二〇〇七年版からさらに変化したものが、第一章で確認した二〇一三年版の記述である。山川出版社の『詳説日本史B』は、沖縄戦の提示の仕方に関して、二一世紀に入ってから揺れ続けている。

このような変化が歴史教科書に生じていることを、その理由とともに社会的に認知させたのが、二〇〇七年三月に行われた、二〇〇六年度教科書検定の結果の公表だったのである。前章で見たように、この検定において沖縄戦の記述は検定意見が集中的に付される箇所となり、沖縄住民の被害に対する日本軍の関わりや、あるいは沖縄住民の犠牲そのものが、教科書記述から外される傾向にあることが報じられた。

山川出版社からも、『日本史A』が改訂のためにこの年度の教科書検定を受けていた。そこでは、「島の南部では両軍の死闘に巻き込まれて住民多数が死んだが、日本軍によって壕を追い出され、あるいは集団自決に追い込まれた住民もあった」としていた原稿の部分が、「島の南部では両軍の死闘に巻き込まれて住民多数が死んだが、そのなかには日本軍に壕から追い出されたり、自決した住民もいた」と改められることとなった（教科用図書検定調査審議会第2部会日本史小委員会『平成一八年度検定決定高等学校日本史教科書の訂正申請に関する意見に係る調査審議について（報告）』二〇〇七年一二月二五日、別紙一―二頁)。検定意見はここで、日本軍から「集団自決」の働きかけを受けた死者が「戦争犠牲者」一般に含まれるように(「そのなかには」の追記)、また自決が住民の自発性によるものであるように(「追い込まれた」の削除、「自決した住民」への改変)、表現を変更させる機能を果たしていたといえる。

教科用図書検定調査審議会が後に発表した、この年度の沖縄戦に関する意見付与についての説明では、「軍の命令の有無が明らかでないという見解が定着しつつあるものと判断」される背景があり、意見付与は「軍の命令の有無について断定的な記述を避ける」ためのものであって、「集団自決に関する軍の関与に言及した教科書記述を否定する趣旨ではない」と弁明された(『平成一八年度検定決定高等学校日本史教科書の訂正申請に関する意見に係る調査審議について(報告)』六頁)。この検定に先立つ二〇〇五年には、沖縄戦時の日本軍隊長の名誉を岩波書店刊行の大江健三郎『沖縄ノート』(大江 1970)と家永三郎『太平洋戦争』(家永 1968)が棄損している、また故人に対する敬愛追慕の情を侵害しているとして、大江健三郎と岩波書店を被告とした訴訟が起こされていた。その審理では、集団自決に対する軍の働きかけの様態と、その伝達のなされ方が検証されたことになるが、二〇一一年には原告の請求を棄却する判決が確定した(岩波書店編 2012)。二〇〇六年時点の検定意見では、係争が生じたという事実のみに必要以上に依拠した判断がなされていたことになるだろう。

最終的には、文部科学省は「軍の関与」を否定するものではないという立場をとり、出版社からの自発的な記述訂正の申請を受け付けるという形で決着を図った。山川出版社『日本史A』改訂版での沖縄戦記述は、「島の南部では両軍の死闘に巻き込まれて住民多数が死んだが、そのなかには日本軍によって壕を追い出されたり、あるいは集団自決に追い込まれた住民もあった」(二〇〇八年版、二〇三頁)と、検定時に加えられた文言を一部残しつつ、当初の申請本の表現を復活させることとなった。

二〇〇六年度の教科書検定を受けた他の申請本でも、訂正申請に当たって「軍の関与」の具体的な内容が加筆されたり、あるいは二〇〇七年の教科書論争や沖縄の県民大会のことが注釈などにおいて自己言及的に付記されたりすることによって、全体的に検定申請時以上に細かな記述がなされるようになった(『平成一八年度検定決定高等学校日本史教科書の訂正申請に関する意見に係る調査審議について(報告)』別紙三―一一頁)。前章から見てきているように、歴史教科書の内容をめぐる社会的な議論が行われることで記述がいっそう詳細なものとなっていくのが一九八〇年代以降の傾向であるが、二〇〇七年における沖縄戦記述をめぐる議論も、そうした事例の一つとなったといえる。そのような意味でも教育的知識の精緻化は進行している。

ただし、このような歴史教育内容の基調に対して、歴史叙述を成立させるためのナショナルな枠組みが常にあてがわれていることには、着目する必要がある。二〇〇七年の日本の歴史教科書問題は、教科書検定という制度の運用や裁量が原因となって生じたものであり、採択・発行前の表現に修正を重ねることで争点が解消されたように見えるが、問題を引き起こした検定意見自体には、訂正や撤回がなされてはいない。すなわち前章で見たように、住民を集団自決に導く軍からの作用の強制性については認められなかった。今日的な社会環境に要請される歴史教育が多元主義に基づくものであったとしても、歴史像の多様性はこのように国家的制度によって管理運営され、ナショナルな枠組みによって整理される。教科書検定制度が存在する日本社会では、この構造の力は依然として小さくはならない。

またこの議論では、軍民の一体性すなわち「国民」という社会的カテゴリのあり方をどう捉えるかが、論者の立場を強く規定していた点にも注意する必要がある。沖縄戦の当時において、「軍官民共生共死」の思潮が確かに存在したと自明視する立場からは、集団自決は軍からの命令がなくとも住民の側からおのずと生じた現象だと主張された。むしろ、自発的に行われたはずの集団自決の悲劇を、軍や国家の教育によって強制されたものだとすることは、死者の名誉を損なうものではないのかとする論理が採られた。

対して、「軍官民共生共死」の思潮それ自体が軍による方針と宣伝によるものであり、当時の人びとにおいても当然視できるものではなかったとする立場からは、軍民は一体ではなく、したがって現在の視点から過去を記述するに当たっても、沖縄戦下の「国民」の側での様々に異なる思考を表現する必要があるとされた。民間人の集団自決に軍による強制力が加わっていたとする記述は、その表現の一環を成すものであった。

ここには「共生」という概念の捉え方をめぐる対立が存在しているといえる。前者はそれを「一体化」「同化」と理解し、かつ現在においても通用するものだとした。後者は「共生」を強制する者とされる者との異なる立場を前提として、当時あったとされる思潮が現在において事象の説明になおそのまま適用されることを否定している。「国民」という社会的カテゴリをめぐってこのような考え方が互いにせめぎあったのが「沖縄戦」をめぐる議論であり、日本史教科書に掲載される歴史像においては、「軍の関与」という表現が両者の中間位置に提案されることによって、「国民の一体性」が維持されたことになる。

3　問題の所在

これまでの議論で、「ナショナルな枠組み」という言い方で歴史の語り口の一つのあり方を指してきたが、ここでその語り口の性質について整理をしておきたい。

国家や国民という概念を重んじる思想は、総じてナショナリズムと呼ぶことができるが、その観念は性質の違いによって大きく二つの段階に分けて考えることができる（岡本 2001:10–11）。一つは、「国家・国民という単位で世界を分断して捉える認識の様式」そのものである。村上泰亮（1992:76）による「「国民国家 nation-state」あるいは「近代主権国家 modern sovereign state」を尊重する思想」すなわち「国民国家主義」という定義に相当するものと考えることができよう。地球の表面を認識しようとする場合、本来的にはどのような見方を設定することもできるわけであるが、そこに国家・国民という枠組みを当てはめることが、この水準でのナショナリズムである。「ナショナルな枠組み」とは、この第一の水準のナショナリズムを支える認識枠だということになる。

そしてもう一つのナショナリズムが、そのような単位で分断して認識された諸々のうち、「自らが属する特定の国家・国民を尊重しようとする観念および運動」である。「あるネーションの統一、独立、発展を志向し押し進めるイデオロギーおよび運動」という丸山眞男（1964: 274）の定義に相当すると考えることができる。これを第二水準のナショナリズムと呼ぶことができる。一般的には、ナショナリズムといえば自民族中心主義や愛国主義といったイメージがおもい起こされるが、特定の帰属対象の価値を高めて表現しようとする発想は、世界を国家・国民ごとに分けて認識する第一水準のナショナリズムの思考をまず前提とすることで可能になっている(2)。

このような二段階の構図は、たとえばセクシズムという考え方を理解する際にもちょうど同じように設定できるものである。特定の性別に重きを置いた何らかの価値づけを行うことが通常の意味でのセクシストであるが、しかしその前提には、人間を「男性」と「女性」のカテゴリによって把握しようとする思考が既にある。人間を性別なるものによって分けて捉えようとすること自体が、独特の認識枠組みに則っていることになり、それを第一水準のセクシズムと呼ぶことができる。歴史をナショナルな枠組みによって語ることが第一水準のナショナリズムの表現であることは、これとの類似性からもよく理解することができるだろう。

第二次世界大戦の敗戦の後に戒められた「極端なナショナリズム」とは、自らが属する部分を取り立てて価値あるものと謳いあげる第二水準のものであり、また一九六〇年代から七〇年代にかけて歴史教科書に表現されたナショナルプライドも同様であった。他方、一九五〇年代に回復されたナショナルな枠組みに依拠した歴史の見方、すなわち第一水準のナショナリズムは、学校歴史教育に最も適合的な語り口としてその後も変わらずに採用され続けている。本書が問題としているのは、そのような語り口が採用されることによって歴史についての情報が統御され、一定の性格をもつ像が仕立てられていくこと、またそれによって社会的葛藤が残存するという事実である。

前節で取り上げたのは、ナショナルな枠組みを前提にした認識のすり合わせが国民国家の内部に社会的葛藤を残す事例であったが、そうした葛藤は異なる国民国家に属する人びとのあいだにもより強く存在している。むしろ、第一水準のナショナリズムによって創り出される歴史像の限界性はそうした事例に顕著に表れやすい。一九八〇年代以降、たびたび熱を帯びる日本と諸外国とのあいだの歴史認識の摩擦などは、その最たる例である。日本の教科書検定の内容をめぐる一九八二年の国際的応酬からは、教科用図書検定基準に近隣諸国条項が設定されるという結果が導かれたが、このことから歴史叙述のあり方そのものを問題の原因として対象化することには繋がらなかった。歴史事象を「日本」「中国」「韓国」といった国家・国民の枠組みのなかで描くことは、歴史叙述を批判される側においても、また他国の歴史叙述を批判する側においてでさえも、自明視されたままである。歴史認識の葛藤が問題となった際に検討されるのは、そのような国ごとの枠組みのなかで過去の出来事の何をいかに描くのか、という点に尽きている。

二〇世紀から二一世紀への転換期には、東アジア圏においても、帰属する国家・国民を異にする者たちによる、歴史教科書や歴史認識の再構成を目指す共同行為が盛んに行われた。しかし現実的には、それぞれの国家・国民の歴史を提示し合いすり合わせていく作業がいかに困難であるかが、歴史対話に参画する当事者からしばしば指摘されている（三谷編 2007:243-375）。「それぞれの」歴史を提示し合うという時点で、歴史を捉えるためのナショナルな枠組みが暗黙のうちに互いに採用されていることになり、その前提からは第二水準のナショナリズムについての批判は行い得ても、歴史の語り口の是非自体を問うことには至りにくい。その結果我々が目にするのは、ある国民社会の凝集性にとっては一定の順機能を果たす歴史の語り口が、その外側にいる人間集団との対話にとっては阻害要因になるという事態である。歴史教育が第一水準のナショナリズムを自然なものとし続けている限り、この種の葛藤もまた残り続ける。

こうした問題を考える際に重要な比較対象としてしばしば参考にされるのが、共通歴史教科書を生み出すに至ったヨーロッパでの歴史教科書対話の取り組みである。この国際的取り組みを早くから取り上げて詳細な分析を重ねている近藤孝弘の研究を参照しよう。ヨーロッパでは第一次世界大戦の頃から、異なる国家に帰属する者どうしが各国の教科書の内容を精査し、自国中心的な記述を相互に指摘し合う試みが、様々な政治的潮流のなかで重ねられてきた。とりわけドイツとポーランド、またドイツとフランスとのあいだで取り組まれた対話がその基点をもたらし、可能な限り公正な歴史理解に至ろうとすることが諸国間での共有された目的となった（近藤 1993, 1998）。歴史の語り口の変革は新しい社会空間（すなわち欧州連合）の創出と相補的に進行したとも評価され、そのメルクマールとなったのが、ヨーロッパ十二ヶ国の歴史家の手によって完成した『ヨーロッパの歴史』である（Delouche 1992 = 1994）。この教科書は一九九二年から欧州連合各国において補助教材として利用されるようになった。もちろん、ヨーロッパを中心とした観点が採られていることや、とりわけ西欧中心主義であること、また近現代史を相対的に軽視し、古代ギリシアにヨーロッパの永続性を求めている点などについて、その後も厳しい批判が上がった（近藤 1998: 198-212）。だがこのような成果が国民国家とは別なる位相にある社会空間の存在を明示した点に、強い意義が認められるものである（近藤 1994）。

このヨーロッパの事例において重要なのは、歴史がナショナルな枠組みによって規定されること自体へのセンシティビティが作用するようになった点である。国民国家とは異なる位相に展開する社会空間に相応しい歴史像は、単純により広い領域を描くことでもたらされたのではなく、歴史教育が国家や国民といった人間集団のあり方と根本的に関わり合っていることを意識化し、また自制したことで可能になったのである。

近藤孝弘はそのことを、ある教科書が『ドイツ史』というタイトルを『過去への旅』に変更したプロセスを例にとり描き出している（近藤 1998: 42-44）。すなわち、ドイツにおける取り組みのなかでは、国際教科書対話に積極的な立場にある書き手によって著された教科書に対しても、そのタイトルが『ドイツ史』とされている点において批判が向けられる局面があった。フランスやドイツでは歴史が教育される際に自国史と外国史の区別は設けられておらず、そこに殊更に「ドイツの」とかぶせることは、不用意な形容詞が付けられたか、あるいは執筆者が無自覚のうちになおナショナリズムの枠のなかで歴史を捉えているかの、いずれかを表現することになってしまう。ヨーロッパにおける国際歴史教科書対話はこのように、歴史に語り口があることへの徹底的な意識化によって支えられていたことになる。それはまた、後に新たに組み直された「ヨーロッパ」の像に対しても、それが帯びるかも知れない排他性について不断の吟味を継続させることとなった。

歴史教科書の内容を検討する際に、第二水準のナショナリズムを指摘し修正することは比較的容易である。しかし第一水準のナショナリズムが歴史叙述の前提に入り込んでいることまでが気づかれなければ、語り口の変化には繋がらない。ヨーロッパでの歴史教科書対話に照らして日本での歴史教科書問題を見直すと、その点に、社会的議論の「着地点」が用意されてもなお社会的葛藤が残ってしまうことの構造的原因を見取ることができる。

4　リスクとしての歴史教科書問題

ところで、ナショナルな枠組みによって情報の取捨が行われた歴史像は、認識上の葛藤を引き起こすのに留まらず、現実的な紛争までを招くものであることを、二一世紀を生きる我々は既に知っている。歴史認識は過去がどのようであったかということ以上に、それを語る現在がどうであるかといったことと強く相関するものであるため、歴史認識の葛藤は必ず現在の情勢における社会的葛藤を含んでいる。

喧しくなる一方のロシア、韓国、中国と日本とのあいだの領土問題は、そのことの恰好の例である。[3] 双方が政治的なアピールを繰り返し、それを正当化する根拠として歴史が語られるが、その認識自体が既に歴史研究と歴史教育の産物である。たとえば日本とアジア諸国とのあいだの認識の摩擦について、大沼保昭が行っていた以下のような指摘は、その後、竹島や尖閣諸島の帰属や領有が政治問題として顕在化した状況において、その意味をより十分に理解できるものとなった。

日本への憤懣を抱えながら日本と表面上「大人の付き合い」をする中韓両国は、日本のさまざまな積極的役割（東アジア地域秩序形成における日本のリーダーシップ、安保理の常任理事国化、PKOへの本格的参加等々）に陽に陰にブレーキをかけ続けるだろう。恒常的に韓国、中国と交渉しなければならない漁業問題や貿易問題にも悪影響が及ぶだろう。また、戦争責任を明確に認めようとしない日本は、かつて侵略を受けた側からみれば「悪いと言わない以上、将来またやるかもしれない」という疑心暗鬼の対象である。特に中国は日本の脅威を自国の軍備増強の口実にするだろう。このように、戦争責任について中韓両国の理解を得ないままにしておくことは、日本自身にとって大きな不利益となるのである。（大沼［2001］2007：79–80）

歴史の認識をめぐる摩擦が人間の生きる物理的現実での不利益をもたらし得るということを、こうした指摘からは再認識することができる。だがそもそも歴史についての認識とは、人が作り出した観念である。近代以降の歴史意識とは、歴史学をはじめとした社会諸科学が作り出し、学校教育やメディアを中心とした社会制度によって一定範囲の人びとに共有されることになった社会意識である。もちろん、歴史的事実の唯一性を主張し歴史意識が過去における時間の流れの「本質」から流出するものだとする捉え方は日常知の水準では自由であるが、ある歴史的事実の認定をめぐって異なる意識が対立するという事態に既に、歴史を本質的存在として認定することの不可能性が示されている。

むしろ考慮すべきは、そのように人の手によって作り出された観念が、ある人びとのあいだでは共有される一方で、その外部の人びとには同じようには共有されないという、歴史意識の社会的構築の可能性／不可能性の問題である。歴史意識は、その共有が果たされる範囲においては社会集団内の凝集性に寄与するが、その範囲の外側に対しては社会集団間の葛藤の根源となる。そして忘れられがちではあるが気づかれねばならないのは、実のところその葛藤の根拠が自然に由来するものではなく、人間が作り出した制度によって構造的にもたらされているという事実である(4)。

このことは、ドイツの社会学者ウルリヒ・ベックが展開したリスク社会論を参照することで、後期近代という時代の特性と結び付けながら理解することができるだろう。ベックの著作

Risikogesellschaft（Beck 1986 = 1998）を出発点にしたこの理論は、二〇世紀から二一世紀への転換期の社会学を強く方向づけることとなったが、当初は主に一九六〇年代から八〇年代にかけての西ドイツの社会変動を念頭に置いた社会問題・社会病理の構造分析であった。しかしそれが次第に諸社会に共通する図式を浮かび上がらせるものとなっていったのは、二〇世紀後半を生きる人間が今まさに経験している近代性にこそ、現代の社会問題・社会病理の原因が内在していることを論証し、産業社会が経験している再帰的な近代化の過程を捉えることになったからである。

「再帰的な近代化」とは、かつて近代の名のもとに作られたモノ・コトが、再び近代化の対象となっていくことである（Beck et al. 1994 = 1997）。明治維新を契機とした日本における「伝統社会」から「産業社会」への移行を例にとれば、産業社会の初期に近代化によって克服されるべきものは伝統社会の遺制であった。そこではたとえば、新たに近代人となった人びとが現実的な貧困を克服するために旧来の共同性を解消して都市を作り、男性／女性役割を峻別した家族制度を作り、それらの小集団を統制するための中央集権的な統治機構を作り（学校教育制度はこの一部としてある）、それに帰属するものとされた「我々」を総称する「日本人」という概念を作った。

しかし近代化が一定程度進行した現在に生きる我々が直面するのは、むしろそのような近代性が生み出してきたモノ・コトから被る問題であり病理である。我々にとっての克服すべき課題とは、たとえば都市化や過疎化がもたらした住みづらさであり、日常生活にも必ずしも合理的ではない性役割や性規範であり、形式化した官僚制の動脈硬化であり、「外国人」と共にする現実の社会生活である。把握しなければならないものは、近代以前の要素によってではなく近代のなかで形作られてきた制度が問題を生じさせているという構造なのである。したがってこのような考え方によれば、「科学」というもの自体が、再帰的近代においてはそれ以前とは異なった価値を与えられることになる。

かつては「外界（神、自然）」を原因として発生した危険が人々を苦しめていた。それに対して今日では歴史的に新しい性質をもったリスク、すなわち科学の構造と社会の構造にその原因をもつリスクが問題となっている。しかも、それは三重の意味をもって問題となっている。つまり、科学は、リスクに対して、その原因でもあり、その本質を明らかにする媒体でもあり、また解決の源でもある。さらに、まさにこのことによって科学化にとっての新たなマーケットを提供するのである。科学が自らの手で造り出し、自らが定義したリスクと、それに対する大衆による批判との相互作用のなかで、科学技術の発展は矛盾に充ちたものになる。（Beck 1986：254＝1998：317）

リスク社会論が多くの場合に議論の対象とするのは自然科学技術が生み出した自然破壊や環境汚染であるが、山口節郎が整理しているように、ベックのリスク論が強調するのは生態学的な近代化のリスクのみならず、「社会や人生や文化に関わるリスクや不確実性――伝統の解体や個人化の進展による階級や階級意識、家族形態や性役割の自明性の消失と再編」（山口 2002：162）でもある。

したがってここでいわれる「科学」とは、人文社会科学を含めた人間の営みであり、社会科学技術によって生み出されてきた近代的人間生活の枠組みもまた、リスクの温床になり得ると理解する必要がある（Beck 2002:50–54 = 2008:39–41）。

先の引用からも了解できるように、ベックは伝統や自然がもたらす害悪のことを「危険（Gefahr:danger）」、近代が生み出したものによって生じている害悪のことを「リスク（Risiko:risk）」と称している。そして、科学技術の発展と福祉政策および民主主義の充実が「危険」を一定程度克服したことで「リスク」の問題が正面に据えられるようになったことを、先進諸社会で一九八〇年代までに見られた社会構造の転換の説明の根拠とした。これが産業社会からリスク社会への移行である。

ここで、歴史認識と学校歴史教育の関係性についても整理することができよう。近代においては、国家・国民を単位にした「ナショナルヒストリー」が国民社会の創出のために寄与したが、再帰的近代においては、それによって制度化された歴史意識が国民社会の内部での、あるいは外部との摩擦の原因となっていることになる。日本の学校歴史教育では国家・国民を単位にした「ナショナルヒストリー」は依然支配的な歴史叙述の形式であり、「日本史」が描かれる時のみならず、各国史の束としての「世界史」が描かれる際にもごく自然に採用されている。そうであればこそ、第一章で見たように、二〇一三年版の高校用世界史教科書に新たな視座——国家・国民とは異なる位相にある世界社会を捉える観点——が登場したことは意義深いのだが、その可能性については第五章で検討することとする。社会関係上のリスクが、ナショナルな枠組みによって、すなわち人が作り出した制度によって規定された観念に由来するものであることを、ここでは確認したい。

5　アメリカにおける歴史教科書問題

学校歴史教育でナショナルヒストリーという歴史の語り口が採用されていることが、いかなる点で歴史教科書をめぐる社会的葛藤の源となるのかを整理してきたが、翻って以下の部分では、アメリカ合衆国のケースを見てみたい。そこには一九六〇年代以降の多文化主義に基づく教育が、多元化する社会的価値を伝達する営みとしてある。そして歴史教科書は、多文化主義の取り組みを最も端的に表現するメディアとなり、社会の成り立ちと価値観の相対性を次世代に伝達する意図を次第に明瞭にしてきている。しかしやはりアメリカ社会においても、歴史叙述にあてがわれるナショナルな枠組みは常に存在しており、そのために叙述の対象に制限が生じてもいる。そこで、アメリカで更新されている歴史教科書の内容を、その意義と限界の両側面から参照する。

もちろん日米両社会のあいだには様々な社会制度や社会情勢の相違があり、学校歴史教育について考えるに当たっても、教育制度の違いが前提されなければならない。しかしながらここで指摘したいのは、学校で歴史を教育するという行為そのものが内包する問題の構造であり、その問題はたとえ日本で行われている教科書制度とは異なる仕組みの下にあっても、存在するものである。この章の後半ではその現象を、学校歴史教育がナショナルヒストリーという形式によって営まれることによる、日米社会に共通した特徴として提示したい(5)。

一九六〇年代から七〇年代にかけての一連の社会変革以降、アメリカの教育は基本的に多文化主義に基づく度合いを高めてきた。しかし他方で、公教育は国民形成の役割が期待される分野でもある。学校教育の場においては、「多元的な社会」を表現しようとする多文化教育の発想と、「国民の一体性」を強調しようとする国民教育の発想とが一九八〇年代以降に歴史教育を主舞台にしてせめぎあい、「文化戦争（Culture Wars）」と呼ばれるまでに至った（Gitlin 1995 = 2001）。

カリキュラム研究者のクリスティン・スリーターとカール・グラントによる歴史教科書の内容分析は、一九八〇年代における政治的反動の大きさを指摘している。彼らは、社会の多元的現実を伝える情報の質が一九八〇年代の教科書において低下していることを、一九九一年の論文で次のように表現した。

「多文化的な教育内容を教科書に求める」かの動きは止んでしまったのかも知れない。我々は反動の時代に入ったのかも知れず、それはより白人・男性主義的なカリキュラムへの回帰だということができる。このことは、浅薄な社会認識と狭量な歴史および文化の感覚しかもち合わせない市民（citizens）をつくり出し、下層階級の子どもたちや非白人の子どもたちを学校から疎外することになるという意味で、極めて危険なことになるだろう。教科書は注意深く吟味される必要があるし、アメリカの多様性とその抑圧の歴史について有効に子供たちを教育できないような教科書は、購入され使用されるべきではないのである。(Sleeter and Grant 1991:101)

ただしこの一節において興味深いのは、スリーターらが白人中心主義へのカリキュラムの回帰傾向を批判すると同時に、彼らもまた「市民をつくり出」すという歴史教育の機能自体は議論の前提要件としている点である。もちろん彼らが重視するのはより幅広い社会科学的知識による社会の再構成であり、そのために「citizens」という言葉が用いられている。しかし先の引用においてスリーターらが「アメリカの……歴史」と表現するように、また多文化教育の実践的理論家であるジェイムズ・バンクスが「多文化教育は、この国(nation)の将来の市民(citizens)すべてが二一世紀を生き抜くために必要な知識や態度、スキルを獲得するために必要である。それは国民(nation)の存亡に関わっているといっても良い」(Banks 1999:34 = 1999:56)と述べるように、多くの多文化主義者たちの側にも、多文化教育をナショナルな枠組みに基づいた市民育成の手段として構想していた面があるのである(Banks 1994:40-66; Tiedt and Tiedt 1999:1-25)。

またそもそも多文化主義に基づく歴史の語り口も、ナショナルな枠組みに根差しているとする指摘もある。たとえばエリック・マグヌソンは、二〇世紀末のアメリカの歴史教科書をめぐって政治的に相反している発想について、それぞれが採用する語り口を、「国家主義的語り(nationalist narrative)」と「革新的語り(leftist narrative)」に整理した(Magnuson 1997)。市民社会をめぐる議論が成熟するのにつれて、旧来の「国民的語り（national narrative）」が再編されることになり、過去に対する「崇拝的態度」と「批判的態度」、社会の「階層性を擁護する態度」と「平等性を擁護する態度」の二つの対立項が焦点となった。そしてそれぞれの前者を採用したものとして「国家主義的語り」が、それぞれの後者を採用したものとして「革新的語り」が派生したとするのである。アメリカ独立革命の時代の「英雄」はもはや素朴な「国民的英雄（national heroes）」ではあり得ず、「アメリカの国益に貢献したアメリカの英雄（American heroes）」であるか、あるいは「法を制定し権利を確定した市民的英雄（civic heroes）」のいずれかとして語られることになった(6)。

ただしここで重要なのは、「革新的語り」も、「国民的語り」から派生してきたものであるという点である。本章では先に、ナショナリズムという観念を第一水準と第二水準とに分ける論理を提示したが、それに照らせばマグヌソンの指摘は、アメリカにおける多文化主義の歴史の語り口もまた第一水準のナショナリズムを発想の前提にしていることを示唆することになる。二〇世紀後半のヨーロッパに見られた歴史のナショナルな語り口についての意識化とは異なる筋道を、アメリカの多文化教育はたどったことになる。

「革新的語り」について、「国民的語り」を基盤としながら「国家主義的語り」と対立するものであると留意することは、アメリカ社会における歴史叙述を理解するために極めて重要である。多文化主義は社会を構成する要素の多様性を認め、それによって社会的価値の多元性を主張する思潮であり、「革新的語り」はそのために採用されている。それは、過去に対する批判的思考を促し、社会のなかの平等性を擁護する点で、「国家主義的語り」を異化しようとする性質をもつ。しかしそれが「国民」カテゴリに関わる論題となるとき、この語り口によって描き出される歴史像は、普遍主義的な価値観にある種の制約を設けることにもなるのである。

6 「国民」カテゴリの存在

その端的な例として、第二次世界大戦中の日系アメリカ人についての歴史記述を挙げることができる。(7) 一九四二年から一九四六年にかけて行われた在米日本人／日系アメリカ人の収容所移送は、戦後もしばらくのあいだは「軍事上の必要性」の名のもとに正当化されていた。その後、一九六〇年代以降の社会の変化のなかで、この問題を市民的自由（civil liberties）の侵害とする認識枠組みが補償請求運動を通して社会的に浸透し、運動の成果として一九八八年に制定された市民自由法（Civil Liberties Act）では、「軍事上の必要性」という理由を否定したうえで人種差別の存在を認定し、強制収容を経験したすべての日系人が一人二万ドルの補償金と大統領からの謝罪の手紙を受けることが定められた。また同法によって、以後一〇年間国庫に市民的自由公教育基金が設置され、その活動内容として、強制収容に関連する出来事の周知・記憶・解明・理解のための、調査・文書保存・公教育活動支援が定められた（Civil Liberties Public Education Fund 1997）。

さて、その在米日本人／日系アメリカ人について、一九七〇年代までのアメリカの歴史教科書では掲載される情報はそもそも少なく、かつマジョリティの利害にとっての外在的要因として日系人が描かれるのが一般的であった。しかし一九八〇年代教科書ではたとえば、「[収容所への]移動を強制されたこれらの人びとの三分の二はアメリカ国民であった。彼らは自らの国で囚人となったのである」(Graff 1985:573) というように、一世と二世のあいだに線が引かれるようになる。二世が市民権を有すること、英語を話せること、日本国を見たことすらないことなどが強調され、二世と一世の異質性が繰り返される。一九八〇年代教科書はそのようにして日系人のなかからアメリカ国民の構成員をより分け、同時に彼らの忠国の精神を強調した。「第四四二連隊戦闘部隊」「第一〇〇歩兵大隊」といった具体的な部隊名を紹介し、「この戦闘部隊の隊員たちの戦いぶりは、勇敢さと向こう見ずな英雄的行動を伴うものであり、それは彼らの決死のスローガン「当たって砕けろ」に約言されていた。戦闘犠牲者は膨大だった。一七〇〇人以上が死亡し、およそ五〇〇〇人が負傷した。彼らはまた、合衆国軍のなかで最も多く受勲した部隊の一つである」(Bass et al. 1983:167) と解説した。かつて十全な権利の保障から締め出されていた日系人は、まずは一九八〇年代の教科書において国家の利益に直結する忠誠心や勇敢さを強調されることで、アメリカ国民の内部に位置づけられることになったのである。

その後、補償請求運動の推進に伴って、歴史教科書における日系人強制収容の記述は次第に充実し、二〇世紀末までには、多文化社会の存立には市民的自由の存在が要であるとする歴史叙述が成立することとなった(岡本 2008b:44-67, 76-80)。日系人の強制収容所の実態に関しても、一九九〇年代以降の教科書で問題とされたのは社会的な正義であり、一世も含めた人びとが被った基本的人権の剥奪となった。さらにこうした特徴は二一世紀に入ってからの歴史教科書でも維持され、第二次世界大戦時の強制収容を市民的自由の侵害の事例と認定し、そのような過去を批判的に理解する観点が提示されている。むしろ日系人強制収容についての記述は、国家安全保障と市民的自由のジレンマの問題を考えさせる恰好の参照事例となっており、過去の教訓から現状についての示唆を引き出すという構成がとられている（岡本 2008b：93–110）。

ジェイムズ・デイヴィッドソンらの高校上級から大学教養向けの教科書 *Nation of Nations: A Narrative History of the American Republic* は、この事項について旧版からの異同が最も少なく、二〇〇五年版でも「日系人の経済的損失」「白人のなかにあった差別意識」「不衛生でプライバシーのない収容所での生活」「収容所での労働」「二世の忠誠心を問うた政府」「人種差別の法制化」といった内容についての記述がなされたのち、「アメリカにおける強制収容所は、ナチスの死のキャンプの恐怖を伝えるものではなかったが、人種差別と社会不安によって作られたものであった。より悪いことに、アメリカ人がそのために戦っていると信じていた公民権と市民的自由の伝統を、侵犯してしまった」と結論づける（Davidson et al. 2005：884–886）。この結論部は一九九八年版からまったく変化がない。このような一連の記述が、アメリカの教科書における日系人強制収容の標準的な解説になっている。

ジェイムズ・デイヴィッドソンらの中学生向けの *The American Nation* の二〇〇五年版では、

第二次世界大戦の記述において、むしろ市民的自由の侵害に対する批判的な言及が増やされている。日系人以外の集団の迫害の例を「その他のグループが問題に直面した」という見出しのもとで、解説するようになったのである。「日系アメリカ人は戦時の制限事項に直面した唯一の集団というわけではなかった。およそ一万一〇〇〇人のドイツ系アメリカ人と数百人のイタリア系アメリカ人たちもまた、「敵性外国人」として政府のキャンプに抑留された。その他のドイツ系アメリカ人やイタリア系アメリカ人たちは夜間外出禁止や移動の制限に直面した」という形で、日系人以外の集団に対する社会的圧力に言及している（Davidson and Stoff 2005: 788)。これは強制収容を、日系人というエスニックマイノリティの問題としてだけでなく、普遍的な市民的自由の侵害と位置づけることによって可能となる記述である。

高校上級から大学教養向けのメアリ・ノートンらの *A People and a Nation: A History of the United States* の二〇〇五年版は、日系アメリカ人強制収容のセクションを旧版から最も大きく改変した。とくにその冒頭に「アメリカの理想の限界」という見出しを付して刷新し、強制収容に批判的な総括を加えている。そのなかには以下の記述が含まれている。

一九四一年、ルーズヴェルトは「四つの不可欠の人間の自由」を守ることをアメリカに誓約した。……そのような自信に満ちた宣言にもかかわらず、アメリカが枢軸国の全体主義的体制と戦うに当たって、国民は簡単には答えが出ない問いに直面した。国家安全保障の利益のために、どの程度までの市民的自由の制限が正当化されるのか？　軍事機密を敵に漏らしアメリカ人の生命が奪われるようなことを避けつつ、どの程度自由に国民に情報を流すことができるのか？　スパイや破壊工作員の脅威に対して、とりわけ合衆国内に居住するドイツ系、イタリア系、日系の市民から、いかにして合衆国は自らを守ることができるのか？　そして、アメリカの継続中の国内問題——とくに人種の問題——はどうなのか？　枢軸国との戦争を戦っているあいだに、国家は自国の市民の変革への要求に取り組むことができるのか？　これらの問いに対する答えはしばしば、国民の民主主義的理想と戦時下におけるその実践とのあいだの緊張関係を詳らかにした。

(Norton et al. 2005: 751-753)

「国家安全保障の利益のために、どの程度までの市民的自由の制限が正当化されるのか？」という問いは、むしろ九・一一テロ以後のアメリカから、第二次世界大戦時の社会状況を振り返って生じる問いだといえるだろう。こうした問いかけの後に、日系人の強制収容の実情が説明され、それが国家安全保障のために特定の集団が不利益を被った事例として把握されるのである。この記述は、同教科書の二〇一二年版（Norton et al. 2012: 819-820）においても変わらず継承されている。一九九〇年代に成立していた、多文化社会を支持する根拠を市民的自由の重要性に求める歴史教科書の視点は、健在である。

しかしそのうえで重要なのは、アメリカの歴史教科書で重視されるこの市民的自由が、「アメリカ国民」という境界線の外にまで敷衍できるのかという問題が残されていることである。ここに、歴史についての「革新的語り」もまた「国民的語り」から派生したものであったことが係わる。マイノリティも「アメリカ人」であるからこそ歴史教科書での言及の対象になるのであり、普遍主義的な価値観から過去が批判的に捉えられるとしても、その普遍主義が適用される範囲は「国民」の枠内となる。歴史叙述のナショナルな枠組みが設定されているために、取り上げられる歴史事象にはしかるべき限定や選別が伴うのである。

その端的な例として、中南米から合衆国内に強制収容された日系南米人に関する情報が教科書には登場してこないことが挙げられる。第二次世界大戦中、アメリカ政府はアメリカ圏全域から枢軸国系の「危険分子」を排除するため、中南米からも二一一八名の日系人を合衆国に連行し収容している（Barnhart 1962:172）。このうち七三七名が大戦中に日本に送還されたが、他の者については終戦後も中南米諸国が追放者の再受け入れを拒んだため（Maki et al. 1999:276）、そのほとんどの者は合衆国内に留まるか、日本に渡ることとなった。これに対してもやはり補償と政府の謝罪を請求する運動が起こされ、一九九八年、合衆国に連行された経験をもつ日系南米人に対して、一人当り五〇〇〇ドルながら補償と謝罪の受給資格を認める司法判断が確定した。これによって、強制収容時にも補償執行時にも合衆国の市民権・永住権と無縁であった者が、アメリカ政府による補償と謝罪を得られることとなったのである（岡本 2003）。すなわちこの問題に関して、法理念においてはナショナルな枠組みは外され、償われるべき被害の有無が司法判断の優先事項となったことになる。しかしながら歴史教科書では、二〇一〇年代の版においても、また高校生以上に向けられたものでも、この事実および一九九〇年代を通じて行われていた日系南米人による補償請求運動の記載は登場してこない。このことは、一九七〇年代以降の日系アメリカ人による補償請求運動が一九八〇年代以降の教科書に記載されるようになり、また一九八八年市民自由法を一九九〇年代以降の教科書が基本事項として掲載していることと、あまりに対照的である。法の世界では、普遍的人権のいわば普遍的適用が行われたわけであるが、教科書の世界ではナショナルな枠組みがそれを堰き止め、「アメリカ人」という枠組みのなかでの事態の認知に落ち着くのである。

ここでもまた、地球の表面を国家・国民という単位で分断して捉えようとする第一水準のナショナリズムの存在に気づくことができる。それは「アメリカ合衆国」という枠組みを歴史認識の前提とし、普遍主義的な発想の適用範囲を「アメリカ合衆国」の内側に留めようとする。むしろ、ナショナルな枠組みの内部の価値の多様性が強調され、そのような社会を支える市民的自由の理念が是とされているがゆえに、その枠組みの外に位置する同様の事柄を同様の理念に基づいて記述しないことは、却って印象的でもある。

公教育の力は国家という制度に由来するとし、それが国民教育の手段として機能することを重視する立場からすれば、この構図は所期の構想を全うするものといえる。しかし社会の構成要素の多様性を十全に表現することを目指す多文化教育の観点からすれば、ナショナルな枠組みの内と外の区別に帰結する教育は、多文化主義が本来解決しなければならない問題を再び生み出しているという意味で、差別構造のマッチポンプにもなりかねない。ナショナリティの区別は国内にもち込まれれば、新たな区別に転化するからである。

7 ナショナルな枠組みを支える社会制度

こうしたことの背景には、ナショナルな枠組みに準拠した歴史像を用意しようとする社会制度の存在をやはり指摘することができる。一九九〇年代以降のアメリカでの歴史教育のあり方に関する議論からは、カリキュラムの全米基準の模索や標準化されたテストの整備、およびそれらによって規定される歴史の「語り口」が問題となっていることが分かる。

社会科教育の立場からはロナルド・エヴァンズが、一九七〇年代半ばから復興し始めた伝統的な歴史教育の力への関心を懸念する議論を行っている（Evans 2004:149-178）。アメリカの社会科は批判的思考や探究学習をその顕著な特徴としてきたが、それに対して年代順の叙述と教授を旨とするオーソドックスな歴史教育の復権が対置されるようになった。エヴァンズが懸念を表明するのは、伝統的な歴史教育が生徒を「容れ物」と見る詰め込み型の方法を採っており、そのもとでは歴史の学習を生徒にとって身近で重要なものにしようとする問題意識が薄くなってしまう、という点である。

また、一九九〇年代半ばから教育内容に関する全米基準が表明され始めたが、各教科が個別の基準を提示するためにその数がおびただしいものとなり、加えて、生徒の側の学習のあり方については何ら方略が示されない状況に陥ったとされる。社会科関係においても、公民、地理、歴史などの科目がそれぞれに基準を表明し、そのなかでとりわけ「アメリカ史」が重要視される一方で、他の社会科学系科目の時間数や選択コースが減少することとなった。州レベルおよびその他のローカルレベルでの標準化されたテストが用意されることにより、テスト対策に力点をおいた授業の形態が浸透するとともに、テストが行われない科目の授業時間数は減らされるという現象が一般的に見られるようになったという（Evans 2004: 162-171）。

実際、一九八三年の『危機に瀕する国家』以来のアメリカ教育改革の動きは、ブッシュ・シニア政権下の「二〇〇〇年のアメリカ（America 2000）」、クリントン政権下の「二〇〇〇年の目標（Goals 2000）」によって政権を超えて推し進められ、トップダウン式の基準の策定と学校の説明責任の強化へと向かう傾向を強めたといわれる。さらに二〇〇二年施行の「落ちこぼれゼロ（No Child Left Behind）法」においては、テストによって示される教育効果に基づいて、学校に対する措置が採られるようになった。またたとえば二〇〇五年度に、この「落ちこぼれゼロ法」を根拠として予算が認められた連邦教育政策プログラムのうち、社会科教育関係のものは二件あるが、その一つである「市民教育」関連の予算額が二九四〇万ドルであるのに対し、「伝統的なアメリカ史の教授」に関連する予算は一億一九〇〇万ドルが計上されていた（Hess and Petrilli 2006: 137）。後者の目的は「独立科目としての歴史の教授を奨励すること」とあり、こうした点にも、社会科における力点の変動とナショナルヒストリーによる学習の定型化の制度的背景を見てとることができる。エヴァンズはこのような改革が力をもった理由として、「教育の外側からの力の存在」「古き良き時代への幻想の力」「新しい社会科の取り組みが非現実的と取られたこと」といったことに加えて、「社会批判や自立した思考のための教育に代わり、社会統制や人的資源創造のための教育が目指されたこと」を挙げている（Evans 2004: 171–174）。

世界史教育の立場からは、リンダ・シムコクスが歴史教育にあてがわれる歴史叙述の枠組みについての考察を行っている（Symcox 2002）。シムコクスは歴史の全米基準が模索された際に世界史の草案のとりまとめを担当した人物であるが、そのプロジェクトにおいては一九六〇年代以来の歴史学のパラダイムシフト、すなわち「新しい社会史」「新しい世界史」の導入が主たる課題であったことを述べている。そこでは世界史叙述を、文明間に序列を設定しその頂点に西洋文明を置く国家・国民の歴史の集積としてではなく、ウィリアム・マクニールらが行った、「民主主義の興隆」「普遍的コスモポリタニズム」「人間の技術と組織と知識の蓄積」「より離れた空間、より多くの人間集団のなかでの共同行為」などの観点による「世界史の再定義」を学校教育に反映させることが主題となっていたという（Symcox 2002: 33–35）。

シムコクスによれば、全米基準の作業部会においては、世界史の主題を大量移住・帝国建設・長距離交易・生物学的な交流・技術伝播などのテーマによって構造化し、世界の過去を八つに区分するという考え方が採用されていた（Symcox 2002: 106–114）。ヨーロッパのカテゴリである古代、中世、近代の区分を世界に当てはめるのではなく、文化伝達のグローバルな過程をたどろうとするものである。また、生徒自身による時代区分も重視し、たとえば環境に意識的な生徒が植生の変化や病の拡散、気象による土地の断絶などに着目し、それらのほうがむしろ文明の浮沈よりも人間の経験に強く関係していることを理解できるような歴史叙述の枠組みを作り出すことが、歴史教育の対象であるともされた。

しかし一九九四年一〇月以降、全米基準プロジェクトの委員長を務めたリン・チェイニー自身が、基準についての批判を開始し、それによって引き起こされた政治的議論により、全国一律の基準の策定ではなく、州レベルでの策定へとトーンダウンする（Symcox 2002:127–156）。シムコクスはこれを、保守派の人文主義者たちが温めてきたプロジェクトが彼ら自身によって無効化された、と表現している。プロジェクトにおいては、かつて自らが身に付けたオーソドックスな歴史の語り口の有効性が再確認されることを人文主義者たちが求めていたのに対して、歴史家にとっては「世界レベル」の歴史教育の基準を作ることが課題となっていた。それはもっぱら、新たな歴史学方法論がもたらした利点である社会史と文化史を教室にもたらすことを意味した。利害の異なる二つの集団のあいだの根本的な誤解が、全米基準プロジェクトの矛盾となっていたと心証をつづっている（Symcox 2002:157–165）。

このような出来事を制度的背景として、歴史を叙述する際の枠組み自体を教育の対象とする営みは力を削がれ、伝統的な叙述形式による学習が、テストによる評価と組み合わされて事実上の標準となったのが、二〇世紀から二一世紀への転換期のアメリカにおける歴史教育の一面だとされる。

さらに、教育教材における黒人像の時系列的変化を検討しているジョセフ・モローは、一九六二年にデトロイト市で始まった教科書の内容に関する抗議運動が、それ以降の教科書記述の改善に実際に効果を及ぼしていることを認めたうえで、しかしマイノリティの扱われ方が新たなステレオタイプの内に留まっていることを懸念している（Moreau 2004）。すなわち、黒人の存在は歴史教科書のなかで今や紛れもなく「アメリカ人」に含められ、「アメリカの物語」に組み込まれているが、同時にその存在は、国家の一般的な進歩の物語にとっての例外事項として、お定まりのように語られるに留まる。ステレオタイプで語られる黒人の「単純な貢献」が、歴史学習の場では生徒たちのもつシニシズムの対象となっていると述べる。そのうえでモローもやはり、歴史叙述の枠組みについての弁証法が必要だとし、個々の人間の経験がより大きな物語においてどれほど相互依存的かつ分解不能であるかを示すことが課題だとするのである（Moreau 2004: 329-330）。

社会的価値の多元化をいち早く、かつ大規模に経験してきたアメリカ社会において、歴史教科書はその内容も表現する価値観も確実に変化を遂げてきた。しかし歴史の語り口にはなお一定のナショナルな枠組みが用意されており、情報の多様性はそれによって整理されてもいる。「革新的語り」が異化してきた「国家主義的語り」は第二水準のナショナリズムに相当するものであり、「国民的語り」を基盤とした歴史叙述とそれを支える制度は、第一水準のナショナリズムから自由にはなり得ていないことが理解できる。

本章では日米両社会の事例を取り上げることとなったが、以上のように両者を通して見えてくるのは、歴史教育内容に対してより複合的な歴史像、より詳細かつ精緻な情報が要請される社会環境となってからも、教育的知識に一定の枠組みが用意されることによって、情報の多様性が整理されるという構造である。歴史事象を評価するための普遍主義的な価値や理念が、学校歴史教育においては普遍的には適用されにくくなるという現象を、本章の作業からの知見としたい。

注

（1）前章末から本章前半での沖縄史に関する教科書記述とそれを取り巻く社会状況をたどる作業は、岡本（2008a, 2011c）を基礎として編集・加筆修正したものである。またこれらの論文の内容は断片化されたうえで本書の各所に組み込まれている。

（2）筆者は、岡本（2001:10–11）などの既発表物において、このような概念規定に基づいてナショナリズムの分析を行ってきた。岡本（2006a）もそのうちの一つであり、本章の以降の議論にはその内容が反映されている。

（3）新書・文庫の相次ぐ発刊に支えられて、強いメッセージを提示し合う社会的議論が展開されているのが特徴である。下條（2004）などは竹島問題を、岩下（2005）などは北方領土問題を扱う。二〇一〇年代に入ってからは、外務省関係者が提示する情報を軸とする議論も多い。たとえば東郷（2011）、孫崎（2011）など。もちろんこれに、研究者の視点からの解釈が重ねられる。たとえば保阪（2011）、保阪・東郷（2012）、和田（2012）、豊下（2012）など。

（4）ここでのこの議論の初出は、岡本（2006c, 2009a）である。

（5）なお、アメリカの社会事情や教科書制度などの具体的な制度を検討しつつ歴史教育内容の変遷を論じたものとして、岡本（2008b）があり、本章の以降の部分ではそこでの詳細を前提として、アメリカ社会における歴史教育内容の基調をたどる。言及される個々の事象の背景や意味をより詳細に把握するためには、同書も参照のこと。

（6）ここでの「national」と「nationalist」の訳し分けには、Mommsen（1974＝1993:376）の訳者の方々による、「national」に「国民的」「国民主義的」を、「nationalistisch」に「国家主義的」「国粋主義的」を当てた訳業から学び得ることを、反映させたいという意図がある。同訳書においては両概念の示すものの水準の違いが表現されている。

（7）本節の内容は岡本（2006b）を基礎として編集・加筆修正したものである。

第四章　共生社会におけるナショナルヒストリーの位置

1　学校教育への「共に生きる力」の登場

前章までの検討を通じて、学校歴史教育におけるナショナルな枠組みの不可避性を論じてきた。日本とは異なる教育制度をもつアメリカ社会でも同様に、その枠組みは強く維持されるものであった。

そうした語り口に由来する歴史叙述の限界や社会的リスクについても、これまでの議論で指摘したとおりだが、なおそれが採用され続ける理由は、学校教育の社会的機能に求めざるを得ない。国家は教育を行うことにより文化的同質性をもった国民を形成し、その国民に支えられることによって自らを持続させることができる。したがって学校教育は基本的に「国民教育」としての性格をもち、歴史教育では国ごとの歴史という認識の枠組みが優先される。人びとによって最も一般的に採用される歴史認識の形態がナショナルヒストリーであるのは、それが学校歴史教育によって提示された歴史叙述の文法だからである。

しかしながら、国家・国民の位相での人間の統合は、学校教育が「近代社会」のなかで果たしている「社会化」の機能の一局面にすぎないことには注意する必要がある。ここで、近代社会とは何かという問いには様々な答えが用意できるだろうが、「固定的な身分秩序の無効化」はその一つの特性として挙げることができる（宮寺ほか 2012：124–130）。ある人間を取り巻く社会関係について、「伝統的にそうなっている」という説明以上のものを求めたのが近代であり、自由や平等や人権といった理念は、個人の運命についてのより合理的な説明を与えるためのものとなった。加えて、身分秩序の無効化を促すまた一つの契機として、産業主義の興隆を挙げることもできる。不特定多数の労働者を用いた不特定多数の消費者のための生産にとっては、個人の存在がより自由であることのほうが利便性が高い。それゆえに、市民主義と産業主義の双方の力によって「個人化」が促され、それがために伸展してきたのが近代社会である。(1)

だが身分秩序の無効化によって人間にもたらされるのは、近代の輝きばかりではない。身分の拘束から自由になり平等な権利が尊重されるようになった諸個人は、「伝統的にそうなっている」と

6月の重版

原始キリスト教史の一断面

福音書文学の成立

田川建三

原始キリスト教は、それ自体の中にすでに多くの変化発展、矛盾相克を含む、複雑な歴史的実態である。本書は、その複雑な実態に光を投じる。

A5判上製 384頁　定価 4200円

ISBN978-4-326-10164-4　2版2刷

双書エニグマ⑦ 人称的世界の倫理

大久保正健

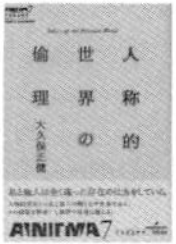

私から見た世界と他人の見た世界とは違っているだろう。私と他人の織りなす世界を人称的世界と呼び、それを倫理の基礎に据えて論じる。

四六判上製 224頁　定価 2730円

ISBN978-4-326-19910-5　1版3刷

グリーフケア入門

悲嘆のさなかにある人を支える

髙木慶子 編著

上智大学グリーフケア研究所 制作協力

愛する家族や親しい友人など、大切な人の喪失によるどうしようもないほどの悲嘆。そのような事態を支え癒すために大切なこととは。

四六判上製 232頁　定価 2520円

ISBN978-4-326-29900-3　1版3刷

社会科学のケース・スタディ

理論形成のための定性的手法

アレキサンダー・ジョージ

アンドリュー・ベネット 著

泉川泰博 訳

優れた事例研究の進め方とは？　社会科学全般で使える標準テキストを完訳！　事例研究による理論の構築と検証の方法を指南する。

A5判上製 400頁　定価 4725円

ISBN978-4-326-30214-7　1版2刷

社会科学の世界

金子 勝

社会科学の神髄は社会現象が織り成す複雑な「世界」を科学的に解明することにある。

現代経済学のコア 環境と資源の経済学

時政 勗・薮田雅弘・今泉博国・有吉範敏 編

経済学の応用分野である環境問題ならびに資源問題を集中的に取り扱う、初級から上級まで

何が育児を支えるのか

中庸なネットワークの強さ

松田茂樹

父親の育児参加、親族や子育て仲間のサポート、企業の両立支援、就労環境などから育児

なめらかな社会とその敵

PICSY・分人民主主義・構成的社会契約論

鈴木 健

複雑な世界を複雑なまま生きるには？　PICSYや分人民主主義で実現する「なめらかな

四六判上製 232 頁　定価 2730 円
ISBN978-4-326-29903-4

A5 判上製 248 頁　定価 4410 円
ISBN978-4-326-40281-6

ネットワーク中立性の経済学

通信品質をめぐる分析

実積寿也

ネットワークの管理者はネットワーク上を流れるコンテンツやアプリケーションにどの程度のコントロールを行使することが許されるのか。

A5 判上製 244 頁　定価 3675 円
ISBN978-4-326-50378-0

環境の意思決定支援の基礎理論

萩原清子 編著

公共投資の意思決定支援手法として採用される費用・便益分析の可能性と限界を考え、費用・便益分析以外の意思決定支援手法を検討する。

A5 判上製 296 頁　定価 3150 円
ISBN978-4-326-50379-7

検証・学歴の効用

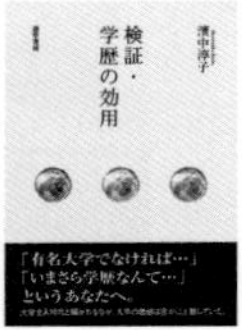

濱中淳子

「有名大学でなければ…」「いまさら学歴なんて…」というあなたへ。大学全入時代と騒がれるなか、密かに上昇していた大卒の価値。

四六判上製 272 頁　定価 2940 円
ISBN978-4-326-65381-2

スローメディシンのすすめ

年老いていく家族のケアに向き合うあなたへ

デニス・マッカラ 著
寺岡 暉
レブリング・寺岡朋子 監訳
三谷武司 翻訳

年老いた両親への真の良い介護とは？高齢者に対する質の高い新しい医療モデル＝スローメディシン。提唱者本人による実践の手引き。

四六判上製 440 頁　定価 2940 円
ISBN978-4-326-75050-4

信じられていたそれまでの原則に依拠して自らの行動を組み立てることができなくなる。自らを他の誰かと交換可能な平等な労働力とみなす産業主義のなかでは、人生の組み立て方そのものを自ら決定しなければならなくなる。近代的な主体の確立は、行動に付随する責任の個人化と不即不離に進行するのである。

こうした近代への移行期における危機に際して学校教育には、価値と規範の体系的な伝達を通して人びとを「社会化」し、新たな社会秩序の再生および維持・存続に寄与することが期待されることとなった。近代史は、常に前の時代で当然視されていた中間集団（個人や家族集団の位相と、国民社会などの全体社会の位相とのあいだに位置づけられる集団）を解体していく過程であるため、学校教育はその時代、その時代に応じて、人間に共同性を与え社会の凝集性を維持しようとする役割を果たすこととなった。近代において教育は、個人にとっての利得から構想されるものではなく、社会の側の必要によって推進されるものとなったのである。現在でも教育社会学のテキストなどによると、学校の社会的機能には「選別・配分機能（能力により人材を社会構造のなかに割り当てていくこと）」と「社会化機能（社会の成員として必要な価値と規範の習得を個人に促すこと）」が挙げられるが、こうした説明も個人化という近代特性を前提としたものだということになる。

すなわち「国民教育」としての性格自体もそもそもは、近代の個人化傾向への対応の一環としてあったと指摘できる。そして個人化のその後の進行によって、社会内部における多様性がますます増大し、その承認が要請されることになったのが現代である。人間を社会化し共同性を与える学校教育には、国家・国民の単位で人びとをまとめることのみならず、それとは異なった種類の社会関係を提示することも求められるようになった。結果として、今日の学校教育は「国民統合の装置として、日々同化と排除を繰り返している一方で、児童・生徒の多様性の増大にともなって「共生」への具体的な活動も始まっているという矛盾した状態」（鍋島 2003:198）に至ることとなった。

そしてこの「矛盾した状態」を解きほぐすべく、教育内容の再構築が志されるようにもなっている。(2) 二〇〇八—〇九年の学習指導要領改訂はそのような動きのなかにあり、第一章で見たように、新たな情報を二〇一二—一三年版の歴史教科書に盛り込ませることになった。またもう一方の特徴として、端的に「共生」の理念を掲げるようになったことも挙げられる。そこで以下では、学校教育に登場するようになった「共生」という言葉の含意を検討してみたい。そのうえで次章において、歴史教科書に新たに組み込まれることとなった情報の意義と利用可能性に関する考察へ向かうこととする。

二〇〇八年から二〇〇九年にかけて行われた学習指導要領改訂では、第一に「生きる力」の理念の重要性が再確認され、その理念を国民が広く共有する必要性が説かれた。二〇〇八年一月の中央教育審議会答申「幼稚園、小学校、中学校、高等学校及び特別支援学校の学習指導要領等の改善について」では、「子どもたちの現状を踏まえると、コミュニケーションや感性・情緒、知的活動の基盤である国語をはじめとした言語の能力の重視や体験活動の充実を図ることにより、子どもたちに、他者、社会、自然・環境とのかかわりの中で、これらと共に生きる自分への自信をもたせる必要がある」（中央教育審議会 2008：159）との現状認識が示された。「生きる力」とは一体何なのか、という問いは長らく議論されてきたが、ここでその答えの一つとして、「共に生きる力」が示されたことになる（児島 2008）。

この答申で問題視されているのは、子どもたちの現状における自信の無さ、無気力、将来や人間関係への不安の増大であり、それを「豊かな心や健やかな体の育成」によって克服することが課題とされた。また、その課題が「共に生きる」ことと結び付けて論じられる前提として、二一世紀をグローバル化した知識基盤社会の時代だとする認識が示されている。知識基盤社会とは、競争と共存を同時に必要とする場であり、その時代を担う子どもたちには競争の観点から「確かな学力」が必要であり、また共存の観点から「共に生きる」ことが必要だとされる。答申ではそれを次のように表現している。

知識基盤社会化やグローバル化は、アイディアなどの知識そのものや人材をめぐる国際競争を加速させるとともに、異なる文化・文明との共存や国際協力の必要性を増大させている。「競争」の観点からは、……規制緩和や司法制度改革などの制度改革が進んでいる。このような社会において、自己責任を果たし、他者と切磋琢磨しつつ一定の役割を果たすためには、基礎的・基本的な知識・技能の習得やそれらを活用して課題を見いだし、解決するための思考力・判断力・表現力等が必要である。しかも、知識・技能は、陳腐化しないよう常に更新する必要がある。生涯にわたって学ぶことが求められており、学校教育はそのための重要な基盤である。他方、同時に、「共存・協力」も必要である。国や社会の間を情報や人材が行き交い、相互に密接・複雑に関連する中で、世界や我が国社会が持続可能な発展を遂げるためには、環境問題や少子・高齢化といった課題に協力しながら積極的に対応することが求められる。このような社会では、自己との対話を重ねつつ、他者や社会、自然や環境と共に生きる、積極的な「開かれた個」であることが求められる。（中央教育審議会 2008:147）

ここで重要であるのは、知識基盤社会で必要となる「共存・協力」が、自立した個人どうしの「競争」との対で提示されていることである。知識・情報・技術は常に革新されるものであり、それを基盤とした社会に生きる者は他者と切磋琢磨しつつパラダイムの転換に柔軟に対応しなければならない。と同時に、世界や日本社会が持続可能な発展を遂げるためには、種々の社会問題に協力しながら積極的に対応することもできなければならない。これが、二〇〇五年一月の中央教育審議会答申「我が国の高等教育の将来像」以来示されてきた「知識基盤社会」という社会観と、そのもとでの人間観である。そして二〇〇八年一月の答申では、他者との「競争」と「共存」を両立できる人間像が概念化されて、「開かれた個」と表現されることとなった。

「個人は他者や社会などとのかかわりの中で生きるものであるが、一人一人の個人には興味や関心、持ち味に違いがある」（中央教育審議会 2008:148）と述べるこの答申は、現代社会における個人化現象を前提として引き受け、そのうえで論理を展開しているといえる。個人化自体を批判する立場から議論を行えば、社会のなかにある種の中間集団を復権させる試みとして共生を考えることになるだろうが、個人化を不可避の現象として前提すれば、そこでは共同性よりも、むしろ公共性に根ざした共生の形が求められることになる。学習指導要領はこの思考のラインに沿って改訂されたことになり、そのように想定された社会像に導かれた現実的な力が、教育のあり方を規定しようとしていることとの意味には、気づかれる必要がある。「共に生きる」ことはただ個人にとっての自信や安心の源としてのみならず、社会の側の「持続可能な発展」のために要請されているのである。

そしてその「持続可能な発展」の部分には、次のような注釈が付されていた。

持続可能な発展とは、「環境と開発に関する世界委員会」が一九八七年（昭和六二年）に公表した報告書で取り上げられた概念であり、将来の世代の欲求を満たしつつ、現在の世代の欲求も満足させるような発展を指し、環境の保全、経済の開発、社会の発展を調和の下に進めていくことを目指している。（中央教育審議会 2008：147）

二〇〇五年からの一〇年間が「国連持続可能な開発のための教育（Education for Sustainable Development：ESD）の一〇年」となっていることも併せて言及されており、「共に生きる力」の背景に、人間社会の持続可能性に関する政策的議論が位置していることが理解できるようになっている。そうした議論ではこれまで、「自然・資源の利活用の持続としての環境的持続可能性」や、「効率・技術革新を確保し、公正・適正な経済システムを築く経済的持続可能性」のみならず、「基本的権利・ニーズと文化的・社会的多様性を確保する社会システムにより生活の質・福利厚生を確保する社会的持続可能性」が、政策立案上の課題とされてきた（国立国会図書館調査及び立法考査局 2010:4）。この文脈において、それら諸々の可能性を体現する「持続可能な社会」のことが「共生社会」と表現されるようになっているのである（尾関 2007）。

このように表明される社会認識は、政策的議論においてのみならず、「リスク社会」の概念化以降に社会学領域で論じられてきた社会像とも符合するものである。第三章で言及したように、ウルリヒ・ベックは階級・家族形態・性役割など生活や文化の面で見られる既存の社会制度の機能不全までを含めて、人間社会にとっての新しいリスクだと表現した（Beck 1986 = 1998）。これらの現象の原因として通底しているのが、やはり人間存在の個人化である。産業主義は本来的に消費市場の拡大を求め、そのためには独立した個人が究極の消費単位とされる。福祉政策や民主主義の根底にある自由と平等についても、理想として追求されるのは個人単位でのそれである。個人化は近代社会において不可避の傾向であり、人間が個々別々の志向性をもった存在になるのにつれて、人間集団としての社会はそれまでの機能を変化させ、時に人間にとっての危害を生み出すことになる。それゆえに、否応なく個人化する人間存在を再び繋ぎとめようとする構想が、ベック以降のリスク社会論においても検討されてきた。

また、日本において長く共生社会論を展開している三重野卓（2008）の所論においても、「共生社会」が求められる文脈には産業（化）社会の成熟についての認識が前提されることが指摘される。

システムの開放性は、グローバル化のみならず、様々なレベルで見られる。企業というシステムが開き、女性の社会的進出が注目される一方で、非正規職員化なども進むということになる。都市化をめぐる流動化も進展する。そこにおいて、「異質性への権利」が主張され、様々な多様性、異質性に注目が集まったと言える。（三重野 2008：180-181）

共生概念はこのような社会変動のもとで要請されるようになり、社会の統合や連帯を表す概念、なかんずく「社会的包摂」や「社会的凝集性」に近しいものとして用いられるようになったと指摘される。

しかしそもそもは、日本の社会科学の諸領域において、「共生」は必ずしも社会統合や社会的凝集性までを志向する概念ではなかったともいえる。たとえば堀正嗣（1998）は、日本における「共に生きる教育」の運動は一九七〇年代初頭に始まったとし、一九七三年の「養護学校義務化についての予告政令」が障害児教育関係者にとっての重大な論点となり、障害のある子どもの通常学校への就学を求める運動が力をもつに至ったことに、その根拠を求めている。「共に生きる教育」は「管理と競争の教育の中で傷つき苦しんでいるすべての子どもたちの抑圧からの解放とつながっている」（堀 1998：186）と考えられるものであった。

「持続可能な共生社会」が提唱される以前から存在したこのような共生概念の構成要素を、野口道彦（2003：19–21）はその『共生社会の創造とＮＰＯ』（野口・柏木編 1993）のなかで、「違いを認め合って生きていくこと」「同化を強要されないこと」「力関係における対等性」「支援するものと支援されるものが固定的でない双方向型の関係」「機会の平等性、社会的資源への平等なアクセス」「平等の根拠の根源的な問い直しを内包するダイナミックな可能性」と整理している。そしてその概念の源流を、エコロジーの領域、障害者解放運動（ノーマライゼーション）、文化的多元主義や多文化主義の領域、フェミニズムの領域の四つに求めている。権利の主張と差異の承認による差別の克服が、「共生」が掲げられたそもそもの主目的であったのである。

しかしその後、日本社会での共生という言葉の流通量は増加し始める。再び野口（2003：22–24）によれば、タイトルや副題に「共生」を含む書籍は一九八〇年代末に増加の兆しを見せ始め、一九九〇年代半ばに飛躍的に増加する。それに伴い、その意味するところが拡大し拡散することにもなった。政策的議論のなかで「共生」が語られるようになり、とりわけ「社会的凝集性」が志向され始めたことは、この時期からの変化に含めることができる。

同様に、教育政策の分野にこの概念が導入された経緯にも、「共生」に関わる論題の領域が拡張されていく様子を見ることができる。植田晃次の検討によれば、中央教育審議会答申では一九九六年七月の「二一世紀を展望した我が国の教育の在り方について」で「異なる文化を持った人々と共に生きていく資質や能力」という概念が登場し、同年度の『我が国の文教施策』において「国際化の時代にあって、世界各国と共生しつつ我が国の経済・社会の一層の発展・成熟を期する」という表現が登場した。この時期を境に、「国際化」を既に前提としたうえでの「共生」の多用が見られることとなった（植田 1996:30-36）。やはり一九九〇年代半ばからの状況の変化が指摘される。その後は「生きる力」の意味を具体化していくなかで、子どもたちに必要な「豊かな人間性」として「他者との共生や異質なものへの寛容」といった要素が挙げられるようになった。そうした過程を通して「他者」の指し示す内容は、「外国人」に留まらないものへと一般化されていったことになる。

さらに、二〇〇一年の省庁再編で設置された内閣府には、共生社会政策担当官や男女共同参画局が置かれ「共生社会の形成促進」を管轄するようになった。二〇〇四年にはそこに組織された政策研究会が「共生社会に関する基礎調査」を行い、報告書『「共に生きる新たな結び合い」の提唱』をまとめている（共生社会形成促進のための政策研究会 2005a）。この調査では共生社会の状態を「個人のあり方」「個人と個人の関係のあり方」「個人と集団との関係のあり方」「社会における関係の集合」を見ることによって測定するという考え方が採られている。また、「あるべき共生社会」の像を、「①各人が、しっかりとした自分を持ちながら、帰属意識を持ちうる社会。②各人が、異質で多様な他者を、互いに理解し、認め合い、受け入れる社会。③年齢、障害の有無、性別などの属性だけで排除や別扱いされない社会。④支え、支えられながら、すべての人が様々な形で参加・貢献する社会。⑤多様なつながりと、様々な接触機会が豊富に見られる社会」と概念化している（小野 2008:6–15)。

そもそもの「共生」概念が差別の克服のために諸個人の権利を擁護し差異を承認させるためのものであったのに対し、一九九〇年代半ば以降の政策的議論で採用される共生概念には、「自立した個人」による「社会のまとまり」を重視していることを、その特徴として指摘できる。議論の領域拡張によって、個人の側からの要請としてあった共生概念には、社会の側からの要請が加えられたのである。このことは教育の課題についても同様であり、従来の「共生についての教育」に「教育を通した共生社会の実現」という主題が加わったことになる。

2　教育資源としての共生概念

したがって「共生」は現在、「社会のなかの多様性」の尊重と「社会の凝集性」の実現を同時に果たそうとする概念になっているといえる。しかし現実的に考えてみれば、それらを両立させることは相応に困難なことである。社会の凝集性を高めるために「まとまり」を強調すれば、それは社会を構成する人間のあり方を同質的なものにしていくことにもなる。諸個人のそれぞれのあり方が十分に尊重されない事態ももたらされ得る。

かたや多様性の尊重が強調されることによっては、社会のなかに多くの部分が生み出されること

郵便はがき

恐縮ですが
切手をお貼
りください

112-0005

東京都文京区
水道二丁目一番一号

勁草書房
愛読者カード係行

(弊社へのご意見・ご要望などお知らせください)

・本カードをお送りいただいた方に「総合図書目録」をお送りいたします。
・HPを開いております。ご利用ください。http://www.keisoshobo.co.jp
・裏面の「書籍注文書」を弊社刊行図書のご注文にご利用ください。より早く、確実にご指定の書店でお求めいただけます。
・代金引換えの宅配便でお届けする方法もございます。代金は現品と引換えにお支払いください。送料は全国一律300円(ただし書籍代金の合計額(税込)が1,500円以上で無料)になります。別途手数料が一回のご注文につき一律200円かかります(2005年7月改訂)。

愛読者カード

65382-9　C3036

書名　共生社会とナショナルヒストリー

お名前《ふりがな》　　　　　　　　　　（　　　歳）

ご職業

ご住所　〒　　　　　　　お電話（　　　）　　－

本書を何でお知りになりましたか
書店店頭（　　　　　書店）／新聞広告（　　　　　新聞）
目録、書評、チラシ、HP、その他（　　　　　）

本書についてご意見・ご感想をお聞かせください。なお、一部を HP をはじめ広告媒体に掲載させていただくことがございます。ご了承ください。

◇書籍注文書◇

最寄りご指定書店	(書名)	¥	(　　) 部
市　町（区）	(書名)	¥	(　　) 部
書店	(書名)	¥	(　　) 部
	(書名)	¥	(　　) 部

※ご記入いただいた個人情報につきましては、弊社からお客様へのご案内以外には使用いたしません。詳しくは弊社 HP のプライバシーポリシーをご覧ください。

になる。究極的に個々の人間がそれぞれに個別の存在だと考えられれば、人の数だけ細分化された多様性が主張されることにもなる。そして個人化が進行する現代社会においては、それは現に発生している事態だといえる。ある一つの社会の位相において、尊重されるべき「多様性」と「凝集性」のあいだに最適かつ固定的な均衡点を見出すことは、原理的に難しい。

このことを学習指導要領の文言にも確認しておきたい。表4‐1は、二〇〇八年の中央教育審議会答申の現状認識を受けて改訂された学習指導要領から、「共生」や「共に生きる」という言葉を含んだ項目を抜き出したものである。「共生」の理念がどのような事柄と関わるものとして用いられているか、また、そのために必要だとされているものが何であるのかを理解することができる。

なお最初に確認しておきたいのが、日常語でよく目にする「自然との共生」という文言が登場するのは、例番号③に見られるように、中学校美術科においてのみだという点である。また、生物学的な意味での「共生」は、例番号⑩に示されるように高校理科生物においてのみであり、個体群間の相互作用の一つに位置づけられて扱われることになっている。すなわち、「共生」という言葉が自然科学的な意味で登場する機会は相対的には少なく、より多くの事例では社会的な意味を含んで登場しているのである。現在の日本の学習指導要領においては、この言葉は社会科学的な現象を指し示すものとして用いられているといえる。さらに、この言葉が最も多く用いられるのは後期中等教育段階であることにも留意したい。

まず『小学校学習指導要領』では、例番号①・②に見られるように、六年生の社会科の目標と内

表 4-1　2008-2009 年学習指導要領における「共生」①

例番号	『小学校学習指導要領』(2008 年 3 月)	頁	備考
①	(社会　第6学年　目標(2)) 日常生活における政治の働きと我が国の政治の考え方及び我が国と関係の深い国の生活や国際社会における我が国の役割を理解できるようにし，平和を願う日本人として世界の国々の人々と**共に生きていく**ことが大切であることを自覚できるようにする。	38	この項は旧要領から継承。
②	(社会　第6学年　内容(3)) 世界の中の日本の役割について，次のことを調査したり地図や地球儀，資料などを活用したりして調べ，外国の人々と**共に生きていく**ためには異なる文化や習慣を理解し合うことが大切であること，世界平和の大切さと我が国が世界において重要な役割を果たしていることを考えるようにする。	39-40	この項は旧要領から継承。
	『中学校学習指導要領』(2008 年 3 月)		
③	(美術　第2学年及び第3学年　内容　観賞(1)) 美術作品などに取り入れられている自然のよさや，自然や身近な環境の中に見られる造形的な美しさなどを感じ取り，安らぎや自然との**共生**などの視点から，生活を美しく豊かにする美術の働きについて理解すること。	82	「自然との共生」は旧要領では「表現」にあったが、「観賞」に移動。
④	(特別活動　学校行事　内容(5)) 勤労生産・奉仕的行事　勤労の尊さや創造することの喜びを体得し，就業体験などの職業観の形成や進路の選択決定などに資する体験が得られるようにするとともに，**共に助け合って生きる**ことの喜びを体得し，ボランティア活動などの社会奉仕の精神を養う体験が得られるような活動を行うこと。	120	高等学校の特別活動と同内容。
	『高等学校学習指導要領』(2009 年 3 月)		
⑤	(公民　現代社会　内容(2)) 個人の尊重と法の支配　個人の尊重を基礎として，国民の権利の保障，法の支配と法や規範の意義及び役割，司法制度の在り方について日本国憲法と関連させながら理解を深めさせるとともに，生命の尊重，自由・権利と責任・義務，人間の尊厳と平等などについて考察させ，他者と**共に生きる**倫理について自覚を深めさせる。	47	
⑥	(公民　現代社会　内容(3)) **共に生きる**社会を目指して　持続可能な社会の形成に参画するという観点から課題を探究する活動を通して，現代社会に対する理解を深めさせるとともに，現代に生きる人間としての在り方生き方について考察を深めさせる。	48	
⑦	(公民　倫理　目標) 人間尊重の精神と生命に対する畏敬の念に基づいて，青年期における自己形成と人間としての在り方生き方について理解と思索を深めさせるとともに，人格の形成に努める実践的意欲を高め，他者と**共に生きる**主体としての自己の確立を促し，良識ある公民として必要な能力と態度を育てる。	49	

表 4-1　2008-2009 年学習指導要領における「共生」②

例番号	『高等学校学習指導要領』（2009 年 3 月）	頁	備考
⑧	（公民　倫理　内容(1)） 現代に生きる自己の課題　自らの体験や悩みを振り返ることを通して，青年期の意義と課題を理解させ，豊かな自己形成に向けて，他者と**共に生きる**自己の生き方について考えさせるとともに，自己の生き方が現代の倫理的課題と結び付いていることをとらえさせる。	49	この項は旧要領からほぼ継承。
⑨	（公民　倫理　内容(3)） 現代に生きる人間の倫理　人間の尊厳と生命への畏敬，自然や科学技術と人間とのかかわり，民主社会における人間の在り方，社会参加と奉仕，自己実現と幸福などについて，倫理的な見方や考え方を身に付けさせ，他者と**共に生きる**自己の生き方にかかわる課題として考えを深めさせる。	49	この項は旧要領から継承。
⑩	（理科　生物　内容の取扱い(2)） 内容の(4)のアの(ア)については，個体群内の相互作用として種内競争と社会性，個体群間の相互作用として捕食と被食，種間競争及び相利**共生**を扱うこと。(イ)については，多様な種が共存する仕組みを扱うこと。	82	
⑪	（家庭　家庭基礎　内容(1)）および（家庭　生活デザイン　内容(1)） 人の一生と家族・家庭及び福祉　人の一生を生涯発達の視点でとらえ，各ライフステージの特徴と課題について理解させるとともに，家族や家庭生活の在り方，子どもと高齢者の生活と福祉について考えさせ，**共に支え合って生活する**ことの重要性について認識させる。 **共生**社会と福祉　生涯を通して家族・家庭の生活を支える福祉や社会的支援について理解させ，家庭や地域及び社会の一員としての自覚をもって**共に支え合って生活する**ことの重要性について認識させる。	117 および 121	「家庭基礎」と「生活デザイン」で同内容
⑫	（家庭　家庭総合　内容(2)） 子どもや高齢者とのかかわりと福祉　子どもの発達と保育，高齢者の生活と福祉などについて理解させるとともに，様々な人々に対する理解を深め，生涯を通して**共に支え合って生きる**ことの重要性や家族及び地域や社会の果たす役割について認識させる。 **共生**社会における家庭や地域　家庭と地域とのかかわりについて理解させ，高齢者や障害のある人々など様々な人々が**共に支え合って生きる**ことの重要性を認識し，家庭や地域及び社会の一員として主体的に行動することの意義について考えさせる。	119	
⑬	（特別活動　学校行事　内容(5)） 勤労生産・奉仕的行事　勤労の尊さや創造することの喜びを体得し，就業体験などの職業観の形成や進路の選択決定などに資する体験が得られるようにするとともに，**共に助け合って生きる**ことの喜びを体得し，ボランティア活動などの社会奉仕の精神を養う体験が得られるような活動を行うこと。	354	中学校の特別活動と同内容。

注：下線・太字は引用者による強調

容において「共に生きていく」ことが言及されている。これらは旧要領から引き継がれたものである。ここでの共生の相手は「世界の国々の人々」「外国の人々」であり、理解する内容は外国の生活や文化や習慣、および世界で果たしている「我が国」の役割となっている。凝集する単位は国家・国民で想定され、「我が国」「日本」「日本人」は一つのまとまりとして提示されているといえよう。様々に異なる文化や習慣を国ごとに尊重しようとする観点が示されている。

しかし国家・国民という単位での人間の集まりが「多様性」と「凝集性」を最適に組み合わせた社会とは限らないことが、『高等学校学習指導要領』には明確に示されている。そこでは、とくに例番号⑪・⑫の家庭科の学習内容から分かるように、共に支え合って生きることが望まれる「様々な人々」として、「子ども」「高齢者」「障害のある人々など」が含意される。「日本人」は「外国人」との対比においては一定のまとまりを意味し、多様な世界を構成する一要素になり得るが、そのなかにさらに多様な人間のあり方がある。そして人間の集まりとしても、「家族」「家庭」「地域」といった単位が示されている。

『高等学校学習指導要領』はまた、社会の構成要素としての多様性を極めると人間存在を個人単位で考えることになると示してもいる。例番号⑤・⑦・⑧・⑨の公民科の目標と内容からは、「個人」「自ら」「自己」という言葉が「現代社会」を理解するための基礎とされていることが見て取れる。「現代に生きる人間としての在り方生き方」を捉える単位は、これらの個別化した存在なのである（例番号⑥・⑦）。必然的に共に生きる対象は、自己とは異なる存在としての「他者」となる。

さらに、そのような個別の人間の集まりとして目指される「共に生きる社会」が、「持続可能な社会」や「民主社会」といった抽象的な概念として示される点も興味深い。「社会のなかの多様性」と「社会の凝集性」をどのようなものとして設定するか、また、両者の均衡をどのように表現するかといった部分で、「共に生きる」ことを志向する学習指導要領の文言が異なる様々な社会像を提出していることになる。それはまた、「社会と個人」を見る際の視座がいかようにも設定できることを意味している。

実際、社会的現実を見れば、「共生」の概念が帯びているこうした論理的な困難さがそこかしこに現れ出ていることに気づくことができる。まず多く表明されるのは、行政主導の多文化共生の推進が「社会の凝集性」の比重を大きくすることへの懸念である。十分な文化的承認が前提されない多文化共生が「同化」にほかならないことが指摘される（岩渕 2010）。たとえば異文化体験活動の実際について、「一時的な楽しさがマジョリティ側当事者に提供されたところで幕が下りる、「はじめとおわり」がある「多文化共生」」である場合が多いことを指摘する研究者の意見は重要である（ハタノ 2006）。また、「共生」というかけ声自体が、マイノリティを尊重し理解する姿勢を示しつつも、実際にある格差や差別の問題を曖昧にしたまま発せられていることを、批判する論調もある（崔・加藤編 2008）。こうした指摘においては、マジョリティに属する者が「異なるもの」を自らの認識枠組みのなかで自足的に理解するだけでは「共生」には至らない、とする問題意識が表明されているといえる。

そして他方、「多様性の尊重」の比重が大きくなることによっても、諸個人を支える社会的基盤についての感覚の弱まりが懸念されることになる。前章末で見た一九九〇年代のアメリカ合衆国での教育内容の全米基準をめぐる経緯は、その好例である。歴史教育分野の全米基準の作成は、多文化主義にたつ歴史家ゲアリー・ナッシュをリーダーとする作業部会に託されていた。しかし作業部会が提出した基準案に対しては、保守主義者からの批判のみならず、諸々のマイノリティ集団からの、それぞれの歴史を「軽く扱いすぎる」とする批判も強く寄せられることとなった。マイノリティに関する歴史はそのマイノリティ自身が書くべきである、とする認識がその種の批判の根底にはあり、その意味ではナッシュの歴史像も「人種差別的」だとされたのである（岡本 2008b）。多文化主義に基づく運動が個別の文化的アイデンティティに固執しすぎたこと、見解の違いを調整したうえで全体性・共通性の模索に向かえなかったことなどが、一九九〇年代のアメリカにおける革新的立場の弱さとして指摘されている（Gitlin 1995：32＝2001：44）。結果として、共通性が国家的価値と等しいものとされた際にも、そのことを問題化することができなくなった。

多文化主義の思想は個々の権利の尊重から出発している点で、近代の社会変動の原動力である「個人化」を促進する面をもち、全体社会を構想する論理には結び付きにくい性質をもっている。さらにまた、「個」としての人間のあり方を自律的な主体の確立とみなす新自由主義思想とも親和的であるため、実際に全体社会の想定を必要とする際には、国民国家が無批判にモデルとされることも多い。実際、その後のアメリカ合衆国では州レベルでの教育内容の基準の採択と標準化されたテストの導入が進められ、オーソドックスなナショナリズムに基づく歴史像が採用される傾向がなお残ることになった。前章末で見たように、多文化主義に則って主張されていた社会的価値の「多様性」が、教育内容に十分に反映されない事態になったとも指摘される。

このように、「多様性の尊重」と「社会の凝集性」については常にそのバランスをめぐって議論が重ねられていることになるのだが、「共生」という人間の生き方についてのより根本的な考察においては、いくつかのヒントが提示されている。すなわち、二つのスローガンの両立可能性が疑われるのは、人間が生きる社会を単一の位相で考えている時である。同一の位相で両者を同時に果たそうとすれば、どちらかの相対的な強さが批難されることになり、「共生」というそもそもの理念も否定されてしまう。

しかしながら人間は、必ずしも一つきりの社会を生きる存在ではない。浜田寿美男（1998）や川本隆史（2008:47–60）による「共生」を教育することの意味の考察は、この点において参考になる。すなわち、「共生」には「排他」が常に相補的に絡み合うものであるが、しかし人間はそのような事実を複数の次元から観察することができる。「一つはおのれの立つその場を越え地上を眺め下ろして説く地球規模の共生、もう一つは自分の身体があるこの身の回りの生活規模の共生である」（浜田 1998:225）。人間は、ある位相での「排他」を別の位相から捉え直すことのできる「二重性」をもった存在であり、ある事実を「遠近法」によって捉えることが、「共生」に関わる教育的行為の枢要だと指摘されるのである。

このことは、社会学的な教育研究が、教育を受け社会化された人間が成員となっていく「社会」が一人の人間にとって一つだけではないことを考慮し、「全体社会」と「部分社会」の多重性として表現してきたことの重要性を思い起こさせる（藤田 1993a, 1993b；宮寺ほか 2012：128–130）。全体社会の内部には、相対的に小さな、そして互いに交渉の少ない部分社会が存在し、その部分社会も個々に人間の社会化を必要とする。また全体社会の水準においても、国民社会の外側には世界社会や産業社会と称される人間の関係性の広がりが存在している。近代の原動力となっているイデオロギーのうち、市民主義をより純粋に突き詰めれば、国民社会の延長線上に世界社会が現出することとなり、また産業主義を突き詰めた先には産業社会が存在しているからである。

たとえば、ある個人は家族集団を生活の基盤にしつつ、地域社会に住まい、職業集団において生活の糧を得て、国民社会のなかで政治的な意思を表明するということを行う。この場合、家族集団の文化と職業集団の文化はやはり異なる内容をもち、また国民社会がより多くの人びとと共有可能な一般文化によって成り立っているのに対して、地域社会では相対的には特殊な文化として把握される文化が共有されているといえる。人間が社会化されていく、その行き先としての社会は、このように複数が重なり合い結び付いて存在しているといえる。

そして近代における学校教育は、こうした複数の社会の位相への社会化を、段階的に網羅すべくその目標構造を設定する点に特徴があるとされてきた（Durkheim 1922＝1976：57）。人間の社会化のために伝達される価値と規範の体系（すなわち文化）は、社会化の行き先が多層的であることに対応して、より広い社会で共有可能なものから、相対的に狭い社会で共有されるものまで、異なるものが存在するのである（藤田 1993a: 16-17）。

既に見たように、日本の学習指導要領で「共生」や「共に生きる」ことが掲げられる際にも、そこで想定される「社会」が日本という国民社会のみではないことが示されている。『小学校学習指導要領』では「日本」と「外国」が対比的に捉えられ「異質な文化」との共生が説かれている。それは、家族や地域社会など個人が産み落とされる生得的部分社会から、より広い国民社会に向けて、価値と規範の通用可能性を拡大させながら伝達することが、初等教育から前期中等教育の段階での社会化機能だからである。

そのうえで、『高等学校学習指導要領』では、「家族」「家庭」「地域」といった国民社会の内部の人びとの多様な集まりや、「持続可能な社会」「民主社会」といった抽象的かつ適用範囲の広い社会の概念が示されている。後期中等教育の段階では、国民社会とは位相を異にする社会空間の価値と規範を伝達し、さらなる全体社会への社会化を図り、それと同時に、専門教育による知識や解釈や技能の伝達がなされ、獲得的部分社会への社会化が個人に対して促されるからである。

こうしたことに照らせば、「持続可能な共生社会」のための教育とは、学習者が「人間の二重性」や「社会化の〝行き先〟の多層性」を認識し、ある排他の事実をまさに「多様性の尊重」と「社会の凝集性」の双方の観点から検討できるよう促すことだということになる。学校教育が果たしている国民教育の機能は、国民社会の成員として人間を社会化する作用であり、その位相での共通文化を身に付けさせることを指す。しかし人間が属する社会としては、その下位に位置する部分社会もあり、またその上位に広がる全体社会も存在する。それらの社会で生きていくためには、それぞれの位相に適合的な文化の獲得が必要となるのである。共生概念を教育資源とすることには、そのような多層的な社会認識を構築することの可能性が含まれているといえる。

いまこうした理論的整理をヒントとして、「ナショナルヒストリー」という語り口によって歴史が教育されることの意味を捉え直してみたい。まず押さえておかなければならないのは、この語り口によって描かれるのは国民社会の位相での事象であり、それを学ぶことは、より小さな部分社会に対しては相対的に強い通用可能性を主張できる文化を身に付けることになるということである。近代諸社会の多くにおいて学校教育が国家の事業とされ、かつ前期中等教育までが義務教育とされていることを併せ考えると、一般文化としての「ナショナルヒストリー」の伝達までが、学校歴史教育のひとまずの到達点とされてきた事実の意味が明瞭になる。

第二章で見たことをふりかえれば、第二次世界大戦の敗戦後の日本で失われていたのは国民社会の位相そのものであり、一九五〇年代の教育改革が取り組まなければならなかったのは、その位相の再建であった。独立した国民国家が再出発するという社会情勢が歴史像の再構築を促し、一九五〇年代はその変革に伴う葛藤の時期となったといえる。

しかしこの後、国際関係を回復するにつれて日本が直面したのは国際化やグローバル化という社会情勢であり、再び教育の変化が期待されるようになった。社会化の行き先として世界社会の位相への接続を整備する必要が生じ、そのことが歴史教科書についての一九八〇年代の社会的議論の論点となった。それまでは「ナショナルヒストリー」を歴史教育の語り口として共有することこそが推進されてきたが、その語り口の自明性が問われる事態に至ったといえる。共生が志向される社会における「ナショナルヒストリー」の位置とは、このようなものである。

したがって個人にとっての国民社会の重要さは、具体的には二つの方向からの相対化を迫られているといえる。第一に、個人化の進行のもとで国民社会を構成する人びとの背景が現に多様化し、またそのような多様さの集積として社会を捉える視点が力をもつことによって、部分社会の特殊文化を表現することが求められることである。第二に、国民国家の境界を越えた人間やモノの移動が増加・加速化することは、一方ではより普遍的な人間のまとまりである世界社会や産業社会、加えて「持続可能な社会」や「民主社会」といった抽象的な社会の概念の前に、国民社会の特殊性を指摘することになる。先進諸社会においては、後期中等教育、高等教育を受ける者が増大し大衆教育社会が現出したことも、国民社会に適合する文化が人間の有する文化のすべてではないという事実を明白にしたといえる。このような社会的要請を受けて、教育内容の再構築は模索されていることになる。

歴史教科書をめぐる議論の争点は、第一には部分社会の位相を支える文化と国民社会の位相を支える文化との葛藤、そして第二に、国民社会の位相を支える文化と世界社会および産業社会の位相を支える文化との葛藤として生じているのが、現状といえる。このうち第一の争点については、マイノリティの歴史や現状を国民の物語のなかに組み込んでいくことでひとまずの解決が可能となる。日本の歴史教科書に沖縄の経験についての記述が充実し、アメリカの歴史教科書に日系人の経験についての記述が充実する現象は、この葛藤を解消するための動向だということになる。

それに対して第二の葛藤は、歴史がまさにナショナルな枠組みに依拠して語られることによって、引き起こされるものでもある。世界社会の位相の価値と規範を身に付ける一助として、戦争という人間の所業をより俯瞰的に、詳細に理解をするためには、沖縄戦の戦争犠牲者や第二次世界大戦中の強制収容経験者について、ナショナリティの如何とは独立した理解をすることが必要となるだろう。また産業社会の位相に参入するためには、複数の国民社会にわたる人間の行為の連鎖を理解することも必要となる。従軍慰安婦の問題は、東アジア圏における人間の行為の連鎖としてかつて存在し、現在にもまた存在するものである。そうした状況のなかで、学校歴史教育において「ナショナルヒストリー」の語り口のみが突出して採用され続けることには、人間が社会化される行き先の複数性を確保せず、ある段階から別の段階へ移行する社会化の経路に隘路をもたらすという意味が生ずるのである。

3　社会的カテゴリの更新としての共生

さて、以下では「共生」の概念の両義性が現れる論点をもう一つ検討し、この概念についての議論の蓄積から引き出せる含意を確認しておきたい。というのも、「持続可能な共生社会」に関する思考の分岐点として、それを「バックキャスティング」と「フォアキャスティング」のどちらの手法で追求するかという点が挙げられているからである。

国立国会図書館調査及び立法考査局（2010:35-40）の整理によれば、前者は、あるべき社会の姿を想定し、そこにたどり着くために一定のタイムスパンごとに条件整備を行っていく方法である。目標を定めて「現在を振り返る（Back-casting）」手法である。対して後者は、過去の趨勢を基礎として現状を分析し、将来を予測して必要な対策を検討・実施するという「前を見通す（Fore-casting）」手法である。差し当たりの到達点を目指すが、長期的な目標が明確でないため全体的な方向性が定まりにくいとされる。ここにはすなわち、ある確固としたベストの状態として「共生」を想定したうえで活動を行うか、それとも現状よりもベターな状態を模索して活動すること自体を「共に生きる」ことと捉えるかという、考え方の相違が表現されていることになる。

そしてこの点に関してもやはり、日本の学習指導要領の文言には異なる「共生」の像を確認することができる。「共生」「共に生きる」という言葉が最も多く登場する後期中等教育段階に注目すると、まず公民科において「他者と共に生きる倫理」が掲げられていることに気づく（表4－1の例番号⑤・⑧・⑨）。旧要領から引き継がれた部分で、「他者と共に生きる自己の生き方」を考えることが現代に生きる者の課題だとする教育内容が示され、「自己の生き方が現代の倫理的課題と結びついていること」の把握が必要であることが示される。ここでの現代の倫理的課題とは、「人間の尊厳と生命への畏敬」「自然や科学技術と人間とのかかわり」「民主社会における人間の在り方」「社会参加と奉仕」「自己実現と幸福」といった事柄である。こうした大きな倫理の自覚を促す論理が、新要領に新たに加わった文言においても同様に見出される。「他者と共に生きる倫理」は諸個人を超越した規範として存在し、それを自覚できるのが「他者と共に生きる主体」となる（表4-1の例番号⑦）。教育の目標は、規範を獲得する主体としての自己の確立に据えられている。「共生」を可能にする大きな規範が社会の側に存在し、それを身に付けるべき存在として人間が位置づけられているという点が重要である。

『高等学校学習指導要領解説　公民編』（二〇一〇年六月）ではこのことを次のように端的に説明している。「現代社会」の「内容とその取扱い」において「現代社会と人間としての在り方生き方」にふれた部分である。

「他者と共に生きる倫理について自覚を深めさせる」については、民主社会においては、各人が自己の個性を発揮し、また同時に他者の人格を尊重し共に協力して生きていくことが大切であり、そのためには、相互信頼と相互尊重の精神をもって、他者に対して公正な配慮を行うことが重要であることについて自覚を深めさせる。（『高等学校学習指導要領解説　公民編』一五頁）

「共生」を倫理として把握する考え方は、道徳教育やボランティア活動における学習目標にも通じるものとなる。『高等学校学習指導要領解説　総則編』（二〇〇九年一一月）に示された「道徳教育の目標」では次のような説明を見ることができる。

豊かな心をはぐくむ　例えば、他人を思いやる心や社会貢献の精神、生命を大切にし人権を尊重する心、美しいものや自然に感動する心、正義感や公正さを重んじる心、他者と共に生きる心、自立心や責任感など、日常生活において豊かな心をはぐくむ必要がある。（『高等学校学習指導要領解説　総則編』二三頁）

これらの説明のなかでは、「他者と共に生きる心」はそれ自体が目標であり、倫理となっているといえる。

そして総合的な学習の時間で行われる「ボランティア」「勤労」「社会奉仕」では、それらの活動の主なねらいとして掲げられる事柄に、「社会の構成員として共に生きる心を養い、社会奉仕の精神の涵養に資すること」が含まれている（二九頁）。総合的な学習の時間において「勤労生産」や「奉仕的行事」と同様の成果が期待できる場合には、特別活動で改めてこれらの体験活動を行わなくて良いということも示唆され（五三―五四頁）、表4－1の例番号⑬の学習内容と連携していることが述べられる。諸個人の内に目標としての倫理を存在せしめることを「他者と共に生きる」ための教育とする論理は、理想的な「共生」状態をあらかじめ想定するバックキャスティングの思考だといえよう。

対して、『高等学校学習指導要領』でも家庭科の学習内容では、これと異なる「共生」の捉え方が示されている。表4-1の例番号⑪・⑫からは、「共に支え合って生きる」という行為に力点が置かれていることが理解できる。ここで「共に生きる」相手とされるのは、家族、子ども、高齢者、障害のある人びとといった具体的な人間像であり、そのように人間どうしが生きる場として結果的に名指されるのが「共生社会」である。プロセスとして「共生」を捉える考え方は、フォアキャスティングの思考と親和的である。

『高等学校学習指導要領解説　総則編』においては、さらに詳細な説明がなされている箇所を多々見出すことができる。「海外から帰国した生徒や外国人の生徒」および「障害のある幼児児童生徒」が言及されるのだが、まず前者については指導のあり方が以下のように示される。


本人に対するきめ細かな指導とともに、他の生徒についても帰国した生徒や外国人の生徒の長所や特性を認め、広い視野をもって異文化を理解し共に生きていこうとする姿勢を育てるよう配慮することが大切である。そして、このような相互啓発を通じて、互いに尊重し合う態度を育て、国際理解を深めるとともに、国際社会に生きる人間として望ましい能力や態度を育成することが期待される。(『高等学校学習指導要領解説　総則編』八二頁)

ここでは国際理解についてのある確固たる規範が目指されるというよりも、それが深まる可能性を含んだ営みとして、「異文化を理解し共に生きていこうとする姿勢」が育成されることが重視されている。ゴールはむしろプロセスの果てに見出されるのである。

障害のある子どもとの関わりについても同様である（八六頁）。必要であるとされるのは、「学校行事や学習を中心に活動を共にする直接的な交流及び共同学習のほか、文通や作品の交換といった間接的な交流及び共同学習」そのものであり、それが結果的に「生徒が障害のある幼児児童生徒などとその教育に対する正しい理解と認識を深める」機会になると位置づけられる。指導計画の事前の検討、一人ひとりの実態に応じた様々な配慮が必要であるとしたうえで、「組織的に計画的、継続的な交流及び共同学習を実施する」ことが求められる。ここで期待されているのは具体的かつ継続的な関わり合いである。

なお、公民科と同じ社会科科目でも地理歴史科においては、「共生」を異なる文化が並び存在し続ける動きとして捉えている点にも留意したい。『高等学校学習指導要領解説　地理歴史編』（二〇一〇年六月）において、たとえば世界史Bでは異民族の交流の様子を表現する際にこの言葉が用いられる。以下は、古代における「諸地域世界の形成」についての内容の取扱いの説明である。

内陸アジアはその大半が乾燥地帯であり、人間の生活の舞台は草原とオアシスであったこと、その舞台で活動した遊牧民とオアシス民とは共存・共生の関係にあったことに触れる。次いで、内陸アジア東部に出現した遊牧国家匈奴の文化や軍事力に着目させるとともに、オアシス都市の覇権をめぐって漢と匈奴が長期の抗争を続けたことをとらえさせる。（『高等学校学習指導要領解説地理歴史編』三四頁）

ここには理想の共生状態や目指すべき共生のあり方などは示されてはいないことが、すぐに了解できよう。異なる背景をもつ人間集団が併存し生きながらえるという、人間の動きが示唆されるのみである。「共生」はそのような言葉として用いられている。

さらに地理Aにおいては、たとえば現代世界の特色と課題を地理の観点から考察するという部分に「共生」が登場する（八七頁）。「現代世界では、グローバル化の進展により人々の交流が深化、発展する一方、異なる習慣や価値観をもつ人々の間で相互理解の不足による摩擦や衝突が起きやすくなり、様々な課題が生じている」という現状認識が示され、そのような課題を解決するために「異文化を理解・尊重し、多文化社会で共生する資質や能力の育成が必要」と述べられるのである。共生に関わる資質は、課題対処型の思考のなかで模索されるものとなる。規範主義的な「共生」の語られ方との印象の違いは際立っているといえる。

このように学習指導要領においても、「共生」の追求に当たってはバックキャスティングでの考え方とフォアキャスティングでの考え方とが混在していることになる。「共生」をある理想的な状態と捉えて目標とし、そこから導かれる倫理や規範に沿って諸個人が活動をしていくのが、たとえば公民科で提示される共生社会の像であった。対して、現状の課題への対応として「共に生きる」という行為を位置づけ、その動きの先に新たな理解や認識を見出そうとするのが、家庭科その他で提示される共生社会の像であった。

この点について、現実の政策的議論においてはバックキャスティングの思考が多く採用されているとされる。再び国立国会図書館調査及び立法考査局（2010:35）の指摘によれば、「日本を含め各国・各分野において持続可能な発展のための取り組みが広がるにつれ、実践の方法をめぐって重要になってきたのがESDとバックキャスティング方式である。バックキャスティング方式は、ヨーロッパ諸国ではすでに大きな実績がある」ということになる。

しかしここでも、権利の擁護と差異の承認を要請するそもそもの「共生」を論じる立場からは、完成状態を固定することの難しさが指摘されてもいる。理想状態としての「共生」を定めることが大事であるとの議論は、多くなされはするけれども、その内実が具体的に提示されることは少ない。そのうえでバックキャスティングのための目標が設定される際には、当然のことながら特定の政治的・社会的環境のなかでなされることになる。したがってそこから引き出される倫理や規範においては、当初想定されていた擁護すべき権利や承認すべき差異の幾ばくかが断念されることになるからである。

そのため、「共生」をめぐる議論の構造を自覚しつつ共生社会の成り立ちについて探索しようとしている研究者たちからは、「共生」が「価値志向的な行為」であることが強調されてもいる（野口・柏木編 2003：72-74）。「共生」には目標や尺度を置くことができず、すなわち完成状態としての共生概念はあり得ず、それは常に継続中の行為としてしか示されない。したがってまた、ある局面である種の「共生」が成立し得たとしても、それは別なる観点からの異議申し立てに対して開かれたものにならざるを得ないため、追求のためのアクションはさらに継続される。「共生」は常にプロセスとして存在するとする、フォアキャスティングの思考の重要性が主張される。

そして興味深いのは、「普遍的な共生尺度」を策定しつつ「今後の目指すべき社会の在り方」として共生社会を提唱した、内閣府の「共生社会形成促進のための政策研究会」の報告書においても、「共生社会」に関しては以下のように「プロセス」としての概念規定に行き着いていることである。

> これまでに述べた社会の各方面で様々な形で芽を出しつつある力強い動きを踏まえ、これらの動きをより一層促進するため、今後の目指すべき社会の在り方として、本研究会として「共生社会」の形成を提唱したい。
>
> ひとことで言えば、「共に生きる新たな結び合い」の提案である。共生社会は、既に完成されたものではなく、今後、我々が共に社会を築いていく際に目指すべき、いわばプロセス概念である。（共生社会形成促進のための政策研究会 2005b：3）

「共生」を自然・環境の問題からではなくまさに社会の問題から考える際には、暫定的な目標設定の積み重ねによる漸進的な取り組みという想定にならざるを得ないことが表明されている。このことからは、現象としての「共生」とはどのようなものであるか、それを社会的な事象として捉えるとはどのようなことであるかを、引き出すことができるだろう。ある社会において「権利の擁護」や「差異の承認」が論じられる際、そもそも「あるもの」と「異なるもの」を隔てているのは、その社会の構成員が採用している社会的カテゴリ（社会現象を整序する認識枠組み）である。たとえば「子ども」「女性」「高齢者」「外国人」「障害者」といった枠組みを設定し、その意味する内容を社会的に共有することで、人間は外界を理解することができる（逆にいえば、そうした認識枠組みを何らもたない状態では外界は理解されない）。社会的カテゴリは、人間の社会的行為の基盤として活用され、同時にまた、それら諸々の社会的行為によって追認され強化されるものである。

したがって「共生」とは、それを状態として捉えるにせよ、「共に生きる」という動きとして捉えるにせよ、「あるもの」と「異なるもの」の関係性を対象化し、両者を隔てる社会的カテゴリ自体を今あるものとは異なるものへと組み直す現象だということになるのである（岡本 2009b）。「女性」や「外国人」といったカテゴリがどのような意味を帯びているのか、果たしてその意味が現状において妥当性をもつのか、またその根拠は何であるのかを問うことが、「共生」について思考することの内容となる。この点において、共生社会論はリスク社会論と地続きであることも確認できる。前章で見たように、近代という時代のなかで作られてきた社会制度や社会認識の枠組み自体が、人間にとっての社会的な摩擦や葛藤の原因となり得るのが再帰的近代という時代である。それゆえに、人の手によって作り出された制度や認識に由来するリスクの内実を把握し、その制度・認識そのものを問い直す議論が開始されたのである。ある時には近代的理念に導かれて、またある時には産業主義に突き動かされて否応なく個別の存在になっていく諸々の人間を、再び繋ぎとめようとするのが共生社会論の基本的な構想である。それを踏まえれば、現状とは異なる社会を目標として設定するにせよ、現状とは異なる状況を遂行的に積み重ねていくにせよ、そこで問われているのは社会のなかで制度化された認識の枠組みの、すなわち「あるもの」と「異なるもの」とを区別している社会的カテゴリの、更新の可能性だと理解することができる。

もちろん、個人化した人びとを再社会化する際の根拠をどのように設定するかによって、将来のシナリオは異なるものが複数提示されることになる。ウルリヒ・ベック自身も諸問題の事例ごとに、常に複数の未来予測を提示するという議論のスタイルをとっていた。そこで提示されるベックによる対案は、「産業社会の革新過程における民主主義的な自己制御可能性が制度的には半面的にしか確立しなかったという認識」（Beck 1986:364 = 1998:448）を前提にした、「新しいリスク・テクノロジーの民主主義的コントロールや社会関係の再政治化」（山口 2002:162）であった。

しかし一九九〇年代の半ば以降に現実化した社会政策を参照すれば、社会的カテゴリの更新に関しては大別して二つの考え方が提出されてきたということができるだろう。その一方が、人びとの個人化した振る舞いを現実として認知しながらも、旧来の近代社会で想定された人間のカテゴリによってそれを整理し直そうとする思考である。「女性」や「外国人」が労働市場に参入することは、産業主義の進展のために も容認せざるを得ないことであり、国民経済という観念の存続のためにはむしろ歓迎すべきものであるとされる。しかし一方で、「女性」というカテゴリ、「外国人」というカテゴリは維持されており、そのなかには様々な種類の限定性をもった意味内容が投げ込まれている。カテゴリの内実を少しずつずらしている点では旧来の近代主義と一線を画すが、既存の社会構造をモデルとし続けるものである。旧来のモデルを掲げることによって現実に対する違和感の解消を目指すその論理は、ある意味で極めて分かりやすいものであり、ポピュリズムと称される現象のなかでこの考え方は一定の支持を得ている。

それに対して再帰的な近代化という現象により忠実であろうとするのが、もう一方の潮流である。そこでは再帰的近代を「第二の近代」と捉え、「近代の近代化」をむしろ推進することを考える。イギリスの社会学者アンソニー・ギデンズは自らが一九八〇年代まで唱えていた構造化理論をベックの再帰的近代化論と結び付けることによって、近代的社会制度の再構成を政治綱領化した。そしてギデンズがイギリス労働党政権のブレインとなったことにより、再帰的近代化論は「第三の道」政策として具体化した（Giddens 1998, 2000）。そこでは「男性」「女性」というカテゴリ、あるいは「国民」という概念自体が組み直され、ある面では相対化／無化されることにもなる。家族のなかで想定されていた「父親役割」「母親役割」は、必ずしも前者を男性が、後者を女性が担わなければならないものではないとされる。「国民」や「外国人」とは別のものとして「デニズン」といった概念が了解されることとなり、「社会」と「国家」は必ずしも同一の位相で考察できる人間集団ではないことが明瞭にされる。近代的カテゴリそのものの存続よりも、自明視されてきた社会制度の捉え直しを優先させる思考である。

共生社会を目指した変革はこれら二つのどちらの立場をとっても議論することができ、また実際に論じられていることは両方の考え方の折衷である場合も少なくない。たとえば二〇〇〇年代の日本における「男女共同参画社会」に向けての取り組みは、保守主義者がそれに背を向けるのに対して、先述の二つの思考の潮流が共に関わったうえで文言の具体化のなかではせめぎあい、「個人化した人びとをいかにして共生させるか」というテーマをめぐる議論の布置を極めて明瞭に見渡すことができる事例となっていた。そこでは、一方が社会的カテゴリの内容を吟味しようとしたのに対し、他方はそのような社会的カテゴリ自体の改変を提起していたのである。

いうまでもなく、「新しいリスク・テクノロジーの民主主義的コントロールや社会関係の再政治化」を企図する視点からは、近代的な人間のカテゴリを残しつつその意味内容だけを修正していくという方策は、社会的リスクに対する基本的な対処策には成り得ないということになる。そのカテゴリ自体が遅かれ早かれ再び社会問題・社会病理の原因になっていくのが後期近代という時代である以上、カテゴリや制度自体への問い直しがない方策は、問題を解決したかに見えて再び生成させていくマッチポンプになりかねない。同様に、リスク社会において共生の論理を探索するためには、たとえある局面で新たなコントロールや社会関係の再構築を行い得たとしても、その社会科学技術によって生み出された新たな社会的カテゴリに問題解決のための最終的な解を期待するわけにもいかない。
その意味で、共生なるものはプロセスとしてしか語り得ないということを、共生社会に関する議論のなかで先達が明確に指摘していることは重要である。理想の目標を定めるとしても、あるいは現状の課題に対応するとしても、新たな社会認識の枠組みは設定されたその時点で既に、新たな区別を生み出し、またそれでは捉えきれない外部を生み出すことになる。しかしそのような枠組みであっても活用しなければ外界の認識や統御ができないのが人間であり、前節でも述べたように、その枠組みがもたらした新たな排除を意識し続け、漸進的に取り組み続けることがとり得る一つの態度となる。「共生」についての先行する議論から確認できるのは、社会的カテゴリの更新が、理想状態の実現を目指すというよりは、それ自体が生み出す新たな隔たりや葛藤の可能性をも視野に入れた、不断の営みにならざるを得ないということである（野口・柏木編 2003:80-83）。社会的な摩擦や葛藤の温床となっている社会的カテゴリを更新するとともに、その行為の根拠自体の被構築性を対象化し続けることが、「共生」によって社会の持続性を確保しようとする際に意識されることになる。その意味で、「共生」はプロセスとして語られるのである。

こうした思考は、アメリカにおける多文化教育理論の発展においても、社会制度や社会的カテゴリそのものの社会的構成に着目する教育的段階が用意された点に、確認することができる[3]。たとえばアメリカで最も有力な多文化教育の理論書の一つであり、一九八八年の初版以来現在まで六版の改訂を重ねているクリスティン・スリーターとカール・グラントによる *Making Choices for*

Multicultural Education: Five Approaches to Race, Class, and Gender では、以下のように五つの類型で多文化教育の取り組みを論理化している（Sleeter and Grant 2008）。

①特殊な生徒および文化的に異なる生徒の指導（Teaching the Exceptional and the Culturally Different）

「異なっていること」を「何かが欠けていること」とは捉えず、個々の社会的背景や学習スタイルに合わせて特殊な状況にある生徒の指導を行う。生徒たちが既存の社会や学校の枠組みに適応し、学力達成を成し遂げることを目的とする。

②人間関係アプローチ（Human Relations）

多様な人びとと上手に関わるスキルを教えることで、個人間・集団間の肯定的な相互行為を促進させる。諸個人の多様さの尊重と、偏見や差別の克服を目指す。社会構造の問題よりも、個人の態度の改変に注力する。

③単一集団の学習（Single-Group Studies）

とくに劣位に置かれている社会的・文化的集団についての学習を深め、理解を促進させる。同時に、その集団に属する者に社会的に活動するための力を与える。差別や偏見が社会的に構成されるものであることを学ぶ。

④多文化教育（Multicultural Education）

社会における機会均等の重要性を、文化的多様性の尊重と結び付けて理解する。不平等とは、属性による社会的行動の選択肢の制限によって生じるものであることを理解する。社会変動に働きかけることを目的とする。

⑤多文化的な社会正義の教育（Multicultural Social Justice Education）

文化状況の優劣のみならず、不平等を助長する社会構造について、社会正義の観点からの批判を行う。不平等克服のために、民主主義の実践や社会状況の分析を行い、社会活動や連携を行うためのスキルを伸ばす。

最後のアプローチはこの書の第四版までは、多文化的・社会再構築的な教育（Education That Is Multicultural and Social Reconstructionist）と称されており、名前のとおり多文化主義に基づく社会改革が目標とされていた。その後、多文化教育が制度化されるにつれて社会構造への批判が馴化されつつあることを受けて、公正と正義を根拠とした社会改革と連帯の重要性を、より明確に主張するべく改称されたものである。

すなわち、多文化教育はまずは「自己」とは異なる「他者」を理解することを目的として開始されたが、他者理解としての実践の段階（①②）を経て、次第にそのように想定される「他者」がそもそも社会制度によって構成されるものであることを理解し（③④）、さらにその社会制度を批判する取り組みへと展開されていることになる（⑤）。そこではマジョリティとマイノリティとの関係の良好さを志向するに留まらず、あるものをマジョリティとしまた別のものをマイノリティとしている社会の状態や構造が問い直されるのである。社会的カテゴリの自明性に認識の光を当て、その根拠について考察させるという働きかけは、このような段階を経て成立したものである。

こうした理論的研鑽に応える形で、現にアメリカの二〇一〇年代の歴史教科書では、社会的な葛藤や摩擦を扱う際に、その原因を人間が作り出した社会制度に求める記述が増している。特定の人物や集団の「特殊性」を表現する際に、それらを特殊な存在にしている社会の側が問い返されるのである。前章で取り上げた事象に即して例を挙げれば、ゲアリー・ナッシュらの高校上級から大学教養向けの *The American People: Creating a Nation and a Society* では、第二次世界大戦中の雑誌風刺画を掲載しそのキャプションとして以下のような説明がなされるようになった。二〇〇〇年代半ばまでの版には存在せず、二〇〇九年版に登場し、二〇一一年版にも確認できる記述である。

敵　戦争中に、アメリカの雑誌と新聞は、日本人をサル、虫けら、ネズミとして描くことが多かった。ドイツ人は、このように描写されることはほとんどなかった。この一九四二年一二月一二日版の『コリエール』誌は、日本の東条英機首相を合衆国に投下する爆弾を運ぶ吸血コウモリとして描いている。他方、日本人は、アメリカ人とイギリス人を傲慢な資本主義者と帝国主義者として描いた。こうした風刺漫画は、戦争中の態度と行動にどのような影響を与えたと思いますか？（Nash et al. 2011: 769）

ある人間集団に関する社会認識のあり方に、マスメディアの存在が強く作用していることを、ここでは示唆している。戦争状況において対峙する人間集団は互いの社会制度を通して、互いに対する負の意味内容を構築していったとするのである。さらに、「日本人」というカテゴリと「ドイツ人」というカテゴリが別様に扱われていたことも言及される。社会的カテゴリを対象化しつつそれを決定づけた制度の存在を捉えさせようとしている。

あるいはまた、二〇一〇年代のアメリカの歴史教科書では、二〇〇一年の同時多発テロ以降の国内状況について省察する記述が増量している。キャロル・ベアキンらの高校上級から大学教養向けの *Making America: A History of the United States* の二〇一三年版では、愛国者法（U.S.A. Patriot Act）の成立をめぐる一〇余年前の社会状況を次のように描いている。

脆弱性の感覚もあった。銃や防毒マスクの売上が増加した。暴力行為や脅しがアラブ系アメリカ人や中近東人に見える者を標的にした。議会では、教育、社会保障、ミサイル防衛、予算等をめぐる論議はあと回しにされた。「我々が今戦っている戦争はテロに対するものだ」と、ルイジアナ州の民主党議員ジョン・ブローは発言した。議会は災害救援やテロとの戦いの実施支援のために、四〇〇億ドルの予算を急遽割り当てた。立法者たちは一〇月に愛国者法を議会で可決した。この法律により、テロ容疑者に対処するより広い裁量が警察および諜報機関に与えられた。また、捜索、盗聴、インターネットの監視の制限も緩められた。司法長官の事務所には、安全保障上のリスクであるとみなされた非市民たちを拘留し、国外追放する権限が与えられた。市民的自由を制限するとして愛国者法を批判する者もあったが、それでも大多数のアメリカ人は、さらなるテロ行為を防ぐ可能性のある措置を支持した。その措置には、司法省によるアラブ系移民を中心とした一二〇〇人以上の者たちの拘留も含まれていた。(Berkin et al. 2013:919)

特定の価値の擁護や、特定の価値に基づいた歴史像の再構築をするのではなく、価値が争われる点を提示することで、あるカテゴリに付与された社会的意味を吟味させる語り口が、ここにはあるといえる(4)。ここでは「アラブ系アメリカ人や中近東人に見える者」「アラブ系移民」について、そのカテゴリの意味内容が社会的にどのように構築されたのかが表現されている。この種の語り口は、あるカテゴリを用いつつも、そうしたカテゴリに付与される意味が決して「自然」なものではないことを理解させ、その概念の内実を再検討させる点で示唆に富んでいる。社会的な葛藤のなかにある事象を伝達するための有効な形式になっているといえよう。

4 共生社会意識とナショナリズムの関係

新たに教育資源として提案された共生概念に関して、ここまで、社会的に要請されるようになった背景と、そこから引き出されている含意とを検討してきた。人間存在の多重性の認識に立って社会における包摂と排除の事実を見つめること、また、当然のように思われている社会的カテゴリを捉え直し、その根拠を問い直すことが、この概念には含まれているのを確認した。

その際共生をめぐる諸々の議論を参照してきたわけであるが、本章では最後に、社会意識の側でこの言葉がどのように意味づけられているのかを提示しておきたい。一九九〇年代半ば以降、「共生社会」の理想が盛んに提示され、現在では「共に生きる」ことを語ることが一種のブームになっているともいわれるなかで、社会意識の水準では共生なるものがどのようにイメージされているのか。また、とりわけナショナリズムという社会意識とはどのような関連があるのか。これを確認することがねらいである。

分析対象とするのは、筆者が所属する研究グループによって二〇一〇年九月に行われた「共生社会に関する調査」の結果である(5)。都道府県ごとの人口・性別・世代の比率に合わせて、全国の二〇歳代から六〇歳代の者を母集団として二〇〇〇人を抽出し、ネットリサーチによって回答を得た。この節ではとくに「共生社会という言葉を知っている」とする人と「聞いたことがない」とする人との社会認識の相違に着目したい。「共生社会」を認知することに関わる要素をたどることで、集合意識として了解される「共生」の意味を浮かび上がらせることになる。

「共生社会」という言葉の社会への浸透の度合いは、内閣府の「共生社会形成促進のための政策研究会」によって二〇〇四年に行われた社会意識調査で最初に探索されている。この調査では全国の二〇歳以上の者を母集団として五〇〇〇人を抽出し、調査員による個別面接聴取により三四七〇人からの回答がなされた（共生社会形成促進のための政策研究会 2005a）。その結果では、「共生社会という言葉を聞いたこともあり、その意味も知っている」とした人は一八・一%、「言葉を聞いたことはあるが、意味はよくわからない」が二八・六%、「聞いたことがない」は五三・三%であった。

二〇一〇年の「共生社会に関する調査」で同様の質問をしたところ、「共生社会という言葉を聞いたこともあり、その意味も知っている」とした人は一一・二%、「聞いたことはあるが、意味はよくわからない」が四六・六%、「聞いたことがない」は四二・三%であった。内閣府調査の結果と比べると、「言葉を聞いたことはあるが、意味はよくわからない」とする人の割合が大きいことになる。「共生社会に関する調査」ではこの単純集計結果から、その背後にある「共生社会という言葉を知ることの意味」をさらに探索することとした。

まず、これもやはり内閣府調査での質問項目を参考にしつつ、「あなたのお住まいの地域で、次のような「違い」が問題を引き起こすとすれば何だと思いますか」を全回答者に尋ねた。選択肢に「違い」として一三項目を掲げ（「居住年数」「世代」「性別」「心身障害」「出身地域」「学歴・出身学校」「貧富」「職業」「社会的地位」「支持政党」「宗教的信条」「人種・国籍」および「その他（自由記述）」）、当てはまるものすべてを選択することを求めた。この問いは、もちろん回答者が居住している地域の特性によっても回答が左右されるものではあるが、自らの居住地域の特性に対してそもそもどの程度センシティブであるかを把握するという意味ももっている。この問いに対しては、「共生社会」という言葉を聞いたことがないグループよりは聞いたことのあるグループのほうが、またさらに意味も知っているグループのほうが、回答選択がより多くなされた。「共生社会」という言葉を知っている状態にある回答者のほうが、自らを取り巻く社会のなかの差異を認識する視野を相対的に広くとっていることが、群間比較から示唆された。

同様の傾向が、「「共生社会」に関する問題として思いうかべること」を尋ねた問いへの回答にも表現されている。「共生社会という言葉を聞いたことはあるが、意味はよくわからない」「聞いたことがない」としたグループでは、「近所の人間関係」や「若い世代と高齢者の関係」といった比較的身近な「問題」に回答が集まるのに対し、「意味も知っている」としたグループでは、「外国人の社会生活」「都市と農山漁村の関係」「日本と世界の国々の関係」といった相対的に巨視的な観点から把握される項目がより多く挙げられた。「共生社会」という言葉を知るということは、社会で生じ得る問題をより幅広く捉えることと結び付いている可能性が示唆された。

さらにまた、「あなたは、沖縄の文化と日本の文化との「違い」について、どのように考えていますか。あなたの考えに最も近いものを一つ選んでお答えください」への回答結果をこの三群の比較によって検討すると、社会事象の捉え方の相違をやはり追認できる。表４‐２がその結果であるが、ここからは、「共生社会」という言葉の意味も知っているグループでは過去と現在の双方における沖縄文化の独自性を認識する回答（「沖縄にはもともと特有の文化があり、現在も日本の文化との

表4－2　「あなたは，沖縄の文化と日本の文化との「違い」について，どのように考えていますか」への回答

「共生社会」という言葉の認知		沖縄にはもともと特有の文化があり，現在も日本の文化との違いがあると思う	沖縄にはもともと特有の文化があったが，次第に日本の文化との違いはなくなってきていると思う	沖縄と日本の文化にはもともと違いはなく，現在も違いはないと思う	沖縄と日本の文化にはもともと違いはなかったが，次第に違いが生じてきていると思う	合計
聞いたこともあり，その意味も知っている	度数	129	89	3	2	223
	%	57.8%	39.9%	1.3%	0.9%	
	期待度数	114.4	92.5	12.4	3.7	223.0
	残差	14.6	-3.5	-9.4	-1.7	
聞いたことはあるが，意味はよくわからない	度数	489	398	36	8	931
	%	52.5%	42.7%	3.9%	0.9%	
	期待度数	477.6	386.4	51.7	15.4	931.0
	残差	11.4	11.6	-15.7	-7.4	
聞いたことがない	度数	408	343	72	23	846
	%	48.2%	40.5%	8.5%	2.7%	
	期待度数	434.0	351.1	47.0	14.0	846.0
	残差	-26.0	-8.1	25.0	9.0	
合計	度数	1026	830	111	33	2000
	%	51.3	41.5	5.6	1.7	
	期待度数	1026.0	830.0	111.0	33.0	2000.0

χ^2=39.733, p<.001

違いがあると思う」）が多くなるのに対し、「意味はよくわからない」「聞いたことがない」としたグループではそれが少なくなることが確認できる。加えて、「聞いたことがない」グループでは、文化の違いを認識しない回答が多くなっている。

「共生社会」という言葉を認知することは、社会的な事象を多様なものとして把握することと関係していることが、ここからも示唆される。「沖縄」と「日本」という複数の文化の層を認識する態度を読みとることもできよう。「共生社会」とは、違いへのセンシティビティ（敏感さ、感度）との関連によって理解されるものだといえそうである。

なお、「共生社会」という言葉を「知っている」ということ、あるいは「聞いたことがない」ということがどのような背景によってもたらされるのかを、諸々の社会的属性や経験を説明変数として探索すると、「年齢」「教育経験年数」および「普段から、障害のある人と交流する機会がある」ことが一定の影響を示すことがわかった。「共生社会という言葉を聞いたことはあるが、意味はよくわからない」とする人を基準として比べた場合、「意味も知っている」とする人は、年齢と教育経験年数が高く、障害者との交流の機会が多い。他方、「聞いたことがない」とする人には、その逆のことを特徴として指摘できる。加齢という自然現象は措くとしても、教育経験の多寡、および特定の社会的経験の多寡が「共生社会という言葉の認知」を左右する要因となっている点は、注目に値することである。

また同様に、「共生社会」という言葉の意味を知っていることには、「普段から外国人と交流する機会がある」こと、および「普段からお年寄りと交流する機会がある」ことが、影響を示した。その一方で、「自分自身に障害がある」「家族や親戚に障害者がいる」「自分または家族や親戚が外国人と結婚している」「同居している家族にお年寄りがいる」といった事項は、この言葉を知る／知らないということに、統計学的に意味のある関連を示さなかった。このことは、障害者・外国人・高齢者が身近にいるのが日常であるならば、あえて「共生」という言葉を意識することもない、ということの表れだといえるかも知れない。家族の外部で社会的マイノリティとの日常的な交流があること、すなわち社会的関係が構築されていることのほうが、「共生社会」という言葉を認知するには決定的な要因となっている点が重要である。

次に、共生社会意識とナショナリズムの関係について検討することにしたい。社会意識としてのナショナリズムについて、その状態を把握するのに最も参考になる調査の一つが、ＮＨＫが定期的に実施する「日本人の意識」調査である（ＮＨＫ放送文化研究所編 2004:115-130, 2010:103-118)。この調査は全国の一六歳以上の者を母集団として、一九七三年から五年おきに行われている。そこではナショナリズムを「日本に対する愛着」と「日本に対する自信」の二つの側面から操作的に定義して尋ねており、また二〇〇三年調査から「外国および外国人との交流への意欲」についての質問項目が加わった。二〇一〇年の「共生社会に関する調査」ではＮＨＫ調査の問いに倣い、さらに加えてナショナリズムの「排他」の側面を探索するために「外国人は日本社会に完全にはとけこめない」という項目を配置して、その背景に想定される要因が与える影響を検討した。

説明変数として諸々の社会的属性・経験、および「共生社会という言葉の認知」を採用して探索したところ、「日本に対する愛着」と「外国および外国人との交流への意欲」に関する意識が、「共生社会」という言葉を知っていることによって強まることがわかった。「共生社会」という言葉を知っているとする人は、「日本に対する愛着」としてのナショナリズムをより強くもつことになる。さらに両意識に対しては、「教育経験年数」の高さ、「普段から、障害のある人と交流する機会がある」こと、「普段からお年寄りと交流する機会がある」ことが、共通してプラスの影響を与えることがわかった。教育経験が自国への愛着と国際交流への意欲をともに強める点は重要である。

他方、「日本に対する自信」と「排他」の意識に対しては、「共生社会という言葉の認知」も「教育経験年数」もともに意味のある関連性を示さなかった。このことから、ナショナリズムの包摂的な側面と排他的な側面のうち、「共生」が結び付くのはその前者だということができる。何らかの社会的連帯の観念とナショナリズムの観念との懸隔について議論する際には、「共生としてのナショナリズム」と「共生ならざるナショナリズム」の分岐点も、着目すべき一つの論点であることが示唆された。

最後に、日本社会の内なる変化に対する社会意識について提示したい。外国・外国人との交流としての国際化は、社会の内部においても進行する。そのような社会状況への意識を探索したベネッセによる高校生調査の興味深い結果（ベネッセコーポレーション 2003）との対照を考えつつ、「共生社会に関する調査」では、国際交流についての評価の意識と「共生社会という言葉の認知」とがいかなる関係であるのかを探索した。具体的には、まず表4-3にある八つの項目を設定し、それらに対する賛意を尋ねた。

そしてこれらについての意識を集約して検討するために、八つの項目の回答に対して主成分分析を行い、合成変数に縮約することを試みた。表4-4がその結果である。

ここで抽出されたのは二つの主成分である。第一主成分は、八つの項目を総合する指標となった。成分行列を見ると、「たくさんの外国人が日本国内に住む」「永住外国人家族に子ども手当てを支給する」「永住外国人に地方参政権を認める」「外国人学校に高校無償化を適用する」といった項目の

表4－3　「あなたは，日本に関する次のようなことについて，どのように思いますか」への回答　（すべての行でN=2000，数値は％）

	賛成	どちらかといえば賛成	どちらかといえば反対	反対
学校での外国語の教育を充実させる	39.9	50.2	8.2	1.9
たくさんの日本人が海外に住む	17.3	55.4	24.9	2.5
たくさんの外国人が日本国内に住む	11.3	43.0	36.9	8.9
外国人がプロ野球チームの監督になる	29.2	52.8	15.9	2.3
外国人が相撲の横綱になる	22.5	44.8	27.1	5.7
永住外国人家族に子ども手当てを支給する	14.8	44.4	23.9	17.0
外国人学校に高校無償化を適用する	8.0	30.1	37.9	24.1
永住外国人に地方選挙権を認める	18.7	43.5	21.0	17.0

関わりが大きい。そうしたことからこの主成分は、基本的には外国人との交流に向けた意欲を、加えて、国民社会の制度的原則の変化に対しても積極的に是認する意識を、表現していると解釈できる。したがって第一主成分を、「トランスナショナリズム」と捉えることとした。

第二主成分に目を向けると、「外国人がプロ野球チームの監督になる」「学校での外国語の教育を充実させる」といった項目の関わりが大きく、こちらも国際交流に対する意欲を表現する指標であることが理解できる。しかし「子ども手当て」「地方参政権」「高校無償化」といった項目がマイナスの関わり方を示すことから、国民社会の既存の原則が改変されることには抵抗を示す意識だと解釈でき

表 4－4　8 項目の主成分分析結果

説明された分散の合計				成分行列			主成分得点係数行列		
成分	初期の固有値				成分			成分	
	合計	分散の%	累積%		1	2		1	2
1	3.562	44.521	44.521	たくさんの外国人が日本国内に住む	.764	.027	たくさんの外国人が日本国内に住む	.214	.021
2	1.266	15.827	60.348	永住外国人家族に子ども手当てを支給する	.750	-.440	永住外国人家族に子ども手当てを支給する	.211	-.348
3	.834	10.430	70.778	永住外国人に地方選挙権を認める	.749	-.421	永住外国人に地方選挙権を認める	.210	-.332
4	.719	8.986	79.764	外国人学校に高校無償化を適用する	.691	-.460	外国人学校に高校無償化を適用する	.194	-.364
5	.455	5.687	85.451	外国人が相撲の横綱になる	.652	.369	外国人が相撲の横綱になる	.183	.292
6	.435	5.436	90.886	たくさんの日本人が海外に住む	.627	.333	たくさんの日本人が海外に住む	.176	.263
7	.415	5.186	96.073	外国人がプロ野球チームの監督になる	.591	.541	外国人がプロ野球チームの監督になる	.166	.427
8	.314	3.927	100.000	学校での外国語の教育を充実させる	.459	.378	学校での外国語の教育を充実させる	.129	.298

る。したがってこちらは、国境を前提とした国際協調主義、すなわち「インターナショナリズム」と捉えることとした。

これら二つのタイプの交流意識の背景、およびそれらと「共生社会」の認知との関連を探索するために行った規定因分析の結果が、表4-5である。モデルの説明力が小さいため決定的なことは述べられないが、ここからは背景にある要因の影響の方向性を理解することができる。

重要であるのは、「共生社会」という言葉を知っているということが、「トランスナショナリズム」を強める方向性をある程度の確からしさで示す点である。そして「インターナショナリズム」に対してはその傾向は示されない。このことからはやはり、「共生社会」というものが包摂的な概念であり、可能な限り他者を社会の内部に取り込んでいく志向性とともに、理解されているということを指摘できる。なお「教育経験年数」の高さは、両意識を強める影響を示しており、そこにも国際交流に関わる意識に共通する特徴が表現されているといえる。

以上が、「共生社会」という言葉の了解に伴って表明される社会意識の主だったところである。この言葉の意味を「知っている」とする人は、社会事象についての相対的に幅広い認識枠組みや問題意識をもっていた。「共生」を理解することとは、まさに社会における多様な事象を把握する観点をもつことだといえる。その意味で、本章第2節で整理した「多様性の尊重」や「人間存在の二重性」についての議論が的外れなものではないことが確認できる。

またナショナリズムとの関係でいえば、「共生社会」という言葉の理解は「日本に対する愛着」

表4－5　「トランスナショナリズム」「インターナショナリズム」の規定因（重回帰分析）

	トランスナショナリズム（第1主成分）				インターナショナリズム（第2主成分）			
	モデル1		モデル2		モデル1		モデル2	
	標準化係数	VIF	標準化係数	VIF	標準化係数	VIF	標準化係数	VIF
年齢	-.114 **	1.120	-.127 **	1.160	-.096 **	1.120	-.101 **	1.160
教育経験年数	.042 +	1.147	.028	1.196	.086 **	1.147	.080 **	1.196
世帯収入	.015	1.059	.013	1.061	.092 **	1.059	.090 **	1.061
性別：男性	-.082 **	1.210	-.083 **	1.211	.063 **	1.210	.063 **	1.211
居住地：都市部・都市郊外	.020	1.040	.020	1.041	.045 *	1.040	.045 *	1.041
現在働いている	.072 **	1.230	.072 **	1.234	-.030	1.230	-.028	1.234
自分自身に障害がある	-.015	1.021	-.016	1.021	-.035	1.021	-.036	1.021
家族や親戚に障害者がいる	-.004	1.039	-.004	1.039	.016	1.039	.016	1.039
普段から，障害のある人と交流する機会がある	-.007	1.104	-.017	1.124	.002	1.104	-.001	1.124
自分または家族や親戚が外国人と結婚している	.016	1.056	.014	1.057	-.008	1.056	-.009	1.057
普段から外国人と交流する機会がある	.096 **	1.085	.092 **	1.093	.024	1.085	.025	1.093
同居している家族にお年寄りがいる	.005	1.060	.007	1.060	-.016	1.060	-.016	1.060
普段からお年寄りと交流する機会がある	.013	1.087	.011	1.090	.008	1.087	.008	1.090
「聞いたことはあるが意味はわからない」に対して								
「共生社会」という言葉の意味も知っている			.043 +	1.142			-.014	1.142
「共生社会」という言葉を聞いたことがない			-.046 +	1.172			-.037	1.172
調整済みR^2値	.036		.039		.033		.033	
有意確率	.000		.000		.000		.000	
N	1997							

+: p<.1, ＊: p<.05, ＊＊: p<.01

の高まりに寄与する側面をもち、「外国および外国人との交流への意欲」とも親和的な関係にあった。「共生」を理解することは、ある意味では、他者を自らの内に取り込んでいくこと、すなわち「同化」への志向性を伴っていることにもなる。しかし「トランスナショナリズム」との関連の検討から明らかになったように、「共生」を理解することは、他者との交流のために国民社会の制度的原則そのものを改めようとする側面にも影響を示していた。本章第3節では「共生」の含意を社会的カテゴリの対象化とその更新への志向性と整理したが、「共生社会」の理解が「インターナショナリズム」ではなく「トランスナショナリズム」との関連を示すことは、その例証となるだろう。「包摂」と「同化」を異なるものとして概念化するならば、「共生」はやはり前者に近しいものということになるのである。

さらに、社会意識への「教育経験年数」の関わりにも留意しておきたい。本節で見たなかでも、「共生社会という言葉の認知」「日本に対する愛着」「外国および外国人との交流への意欲」「トランスナショナリズム」「インターナショナリズム」に対して、この変数の影響が示された。学ぶことが「共生」にまつわる諸々の社会意識の醸成や抑制に寄与しているということが、やはり確認できたことになる。

注

（1）ここでのこの議論の初出は、岡本（2011d）である。

（2）本章の以降の発想の初出は、岡本（2009b, 2011a）である。また本章第3節までの作業は、岡本（2011b）を基礎として大幅に加筆修正したものである。さらに、これらの論文の内容は断片化されたうえで本書の各所に組み込まれている。
（3）ここでのこの発想の初出は、岡本（2009b）である。
（4）ここでのこの発想の初出は、岡本（2010）である。
（5）本調査は、科学研究費助成研究「現代日本のリスク社会化環境における共生社会論のあり方と実践方法に関する実証的研究」（課題番号：21530503、研究代表：和田修一早稲田大学教授）によるプロジェクトのなかで行われたものである。研究全体の成果となる知見は、『社会学年誌』第五三号の特集「後期近代社会における共生問題の構造」で公表されている。本節は、そこに掲載された岡本（2012）の内容を修正し再構成したものである。本節で提示する事実関係の詳細な根拠については、同論文も参照のこと。

第五章　歴史の社会的な成り立ちを理解するための資源

1　歴史叙述の枠組みの対象化

共生という言葉に「社会のまとまり」と「多様性の尊重」といった方向性の異なる要請が含まれていることを確認し、それらを整合させる概念のあり方を検討したのが、前章での議論であった。その際に注目することになったのが、「人間存在の二重性」への言及であり、具体的な作用としての「社会的カテゴリの更新」であった。人間の集まりには必ず排他の面が伴うが、人間にはそれを別の位相から見つめ直すこともできる。また、「あるもの」と「異なるもの」とを隔てるそもそもの社会的カテゴリを対象化し、組み直すこともできる。共に生きるという社会的行為は、そのような現象として捕捉することができる。

こうした推論から導かれた共生の概念は、社会意識の様態によっても根拠を与えられるものであった。前章末で検討した社会意識調査の結果からは、「共生社会という言葉を知っている」という要素が、社会のなかの差異を認識する視野を相対的に広くとることや、差異がもたらす問題について敏感なことと、親和的だということが示された。さらに、「沖縄の文化」の捉え方に端的に表現されるように、異なる複数の文化の層を認識する態度と関連し、また、他者としての外国人を社会に受け入れる際の、既存の法や社会制度の更新をも考えに含めようとする志向性とも関連した。「共生社会」の理解の様態は、ある事象を複数の位相から見つめようとする傾向、および、事象の認識を整序している社会的カテゴリを対象化する傾向との関わりによって、表現されたといえる。教育経験の多寡がその理解を左右する要因の一つとなっていた点も重要である。

二〇〇八—〇九年の学習指導要領改訂で導入された「共に生きる」という言葉が、このような性質の概念であることを踏まえれば、同じ学習指導要領のもとに新たに提示され始めた歴史像にも、教育資源としての特質を改めて読みとることができる。前章では、学校歴史教育でナショナルヒストリーの語り口と国民社会の位相が突出することが社会化の経路に隘路をもたらすことを論じたが、新たな歴史教科書にはそのナショナルヒストリーという語り口の独特さを浮き彫りにする要素を引き出すことができるものがある。第一章において、山川出版社の世界史教科書が二つの異なる意味で「世界」という言葉を定義するようになったことを確認したが、たとえばそこに社会の位相の複数性を表現しようとする意図を見て取ることができよう。

前章で整理したように、国民社会もより普遍的な共同性の前ではそれ自体が部分社会となるものであり、複数の国民社会のあいだの葛藤や摩擦を、人間はその上位に位置する社会の位相から対象化することができる。また他方、国民社会はその内部に位置する複数の社会集団のあいだの対立や排除を相対化し、上位からの統合の論理を提示することで成立してもいる。複数の共同性に属するものとして個々の人間を捉える視座を用意することによって、社会化の経路は部分社会から全体社会にわたる複数の位相へと拓かれることになる。国民社会に限らず、統合性や共通性を帯びる文化はともすれば排他性をも帯びることになるが、教育活動においてそのことに自己自覚的であり、かつその再検討を不断に継続することは本来可能である。

もちろんナショナルな枠組み自体が、教育される内容との親和性をとくに主張できる局面もある。また学校教育において扱われる教育的知識には、具体的なものから抽象的なものへ、単純なものから複雑なものへと体系的に配列されていることが期待され、教育教材は全体として定められた分量のなかでこれを実現しなければならない。しかしそうであるならばなお、ある歴史の語り口が教育の方法として有効な教育段階と、そうではない段階とを見定めることは不可欠となろう。「国民」といった社会的カテゴリを生成・固定化させるだけでなく、その相対化や再構成にも寄与できるのが学校歴史教育である。とりわけ後期中等教育段階以降においては、それまでの教育段階で扱ったことを単純に精緻化するだけでなく、別なる位相の社会に適合的な歴史の語り口に転換する機能も要請されているといえる。

この点に関して再びウルリヒ・ベックの所論に拠れば、「国民」と「国家」の両概念のうち批判されるべきは共同性の概念としてはもはや限定的でさえある「国民」のほうであり、それを政治制度としての「国家」の理念・理論・制度の重要性と切り分けて考えることもできる（Beck 2002＝2008; 宮寺ほか 2012:158-159）。国家が統治の主体となるのは人間社会の一位相でしかないが、換言すれば、その位相での機能を重視することはできる。たとえば国家には、その内部で生きていくのに必要な価値と規範があり、また社会的資源を再分配する機能はある。市民社会の成熟が必ずしも国家の否定・棄却に向かう必要はない。「国民」の概念を更新しつつ、ある社会の位相では「国家」が機能する状態――すなわち「市民社会と国家との共生（die Symbiose von Zivilgesellschaft und Staat）」――を、ベックは「コスモポリタン的国家」と呼び、「グローバル市民社会の安定化、つまり世界規模で移動する資本にとっても民主主義の革新にとっても鍵となる問題は、いかにしてナショナルな狭隘さから国家の理念と理論と制度を解放し、コスモポリタン時代のために切り拓くことができるかということである」（Beck 2002:30＝2008:21）と論じた。

第三章で見たように、ベックはリスク社会論を提唱し、二〇世紀後半以降を生きる人間がそのなかで生きている近代の産物としての社会制度にこそ、現代の社会問題・社会病理の原因が内在していることを論証してきた（Beck 1986:254＝1998:317）。「コスモポリタン的国家」は、近代の学たる社会科学が生み出してきた概念である「国民」の「狭隘さ」というリスクの克服のために提示されているといえる[1]（Beck 2002: 50-54, 84-94 = 2008: 39-41, 64-71）。

さて、それでは学校歴史教育が国民社会とは異なる位相への社会化の機能を果たし得る条件について、考えてみたい。論理的には二つの方向での教育的知識の整備が可能である[2]。

第一の方向性として、学校歴史教育における語り口の問題をナショナルな枠組みそのものの相対化によって解決することを考えるならば、「ポスト・ナショナルヒストリー」が不可欠となる。国家・国民の単位に依存しない歴史認識に支えられた研究の蓄積と、その成果を伝達する教育素材や教育実践が必要となる。これまでに何度か言及してきたウィリアム・マクニールによる「世界史」の構想はこの発想に則ったものであり（McNeill［1967］1999 = 2008）、また近年試みられている「グローバルヒストリー」の構想もこの方向性にある。そこでは、個々の人間のローカルな有り様が集団としての人間のグローバルな動きと結び付けられることとなる。国民社会の枠組みに規定されるのとは異なる社会空間を真に想像できるようになるためには、この方向での思考が継続される必要があるだろう。

日本の学習指導要領の水準でも、このような発想を現実化するための資源となる文言は用意されている。一九九九年告示の『高等学校学習指導要領』では既に、日本史の目標として「歴史的思考力を培い、国民としての自覚と国際社会に主体的に生きる日本人としての自覚と資質を養う」（三一頁、三四頁）ことが掲げられており、国際社会のなかの部分として相対化された国民社会の位置づけが表現されている。世界史においても、「国際社会に主体的に生きる日本人としての資質」（二四頁、二七頁）という言い方がなされ、国民社会の外部を捉える視座が掲げられていた。

二〇〇九年告示の『高等学校学習指導要領』では、この目標の文言は日本史ＡＢ・世界史ＡＢとも、「歴史的思考力を培い、国際社会に主体的に生きる日本国民としての自覚と資質を養う」に揃えられて維持されている（三三頁、三五頁、三八頁、四〇頁）。そしてその内容に目を向ければ、ナショナルな枠組みそれ自体をさらに相対化させた「ポスト・ナショナルヒストリー」の展開を端的に促す項目が見つかる。

たとえば世界史Ａの内容(3)には、「地球社会と日本：地球規模で一体化した構造をもつ現代世界の特質と展開過程を理解させ、人類の課題について歴史的観点から考察させる」（三四頁）という文言があることに気づくことができる。また世界史Ｂの内容(5)には、「地球世界の到来：科学技術の発達や生産力の著しい発展を背景に、世界は地球規模で一体化し、二度の世界大戦や冷戦を経て相互依存を一層強めたことを理解させる。また、今日の人類が直面する課題を歴史的観点から考察させ、二一世紀の世界について展望させる」（三七頁）とあり、内容の取扱い(4)として「近現代史の指導に当たっては、次の事項に配慮するものとする。……各国史別の扱いにならないよう、広い視野から世界の動きをとらえさせるようにすること」（三八頁）とある。こうした事項は、国家・国民単位の社会認識から自由な人間社会の像を提示する際の資源となるものである。これらの文言では近代における世界の一体化が重視されており、第一章で確認した新たな教育的知識のうちでは世界史教科書に登場した「近代世界システム」の考え方が、こうした要請に呼応するものだといえる。

その他にも、帝国書院の二〇一三年版高校用教科書『明解世界史A』などが、一九世紀後半から一九二〇年ごろまでの大規模な労働力移動を「世界の一体化と人口移動」の内容として取り上げていることを例として挙げられる（一四八―一四九頁）。第二次産業革命による国内的・国際的な分業の進展を時代状況として掲げ、それが貧困や飢餓、民族的抑圧、政治的・社会的不満、成功への希望などの多様な要因と絡み合うことで、移動の動機が成立したと説く。そうした動機をもった諸個人の集合として「華僑と印僑」が例示され、「最大の受け入れ国アメリカ」という国民国家は一体化する世界のなかの部分として語られるのである。

また、第一章で確認した「倭国」や「琉球王国」を描く際の思考も、東アジア全域を単に今日的な意味での国民社会の寄り集まりとしてではなく、異なる位相から捉える視座を提示する例だといえる。教育出版の二〇一二年版中学校用教科書『中学社会　歴史　未来をひらく』では、唐の時代の長安を中心とした東西交流について言及する。それ自体は以前からあるユーラシア内陸についての説明であるが、その交流の要素に倭の使節・留学生・僧の存在を含めている点が興味深い（二六頁）。また帝国書院の二〇一二年版中学校用教科書『社会科　中学生の歴史』では、一五世紀の東シナ海域の交易の拠点として琉球王国を位置づけた説明を行っている（六六頁）。

こうした視座をさらに維持し続けると、同じ帝国書院の二〇一三年版高校用教科書『新詳世界史

B』のように、一七世紀からの「対外関係統制」を「東アジア諸国」全域におよぶ一つの秩序として描くことができる（一二六―一二七頁）。銀の世界的流通によって支えられた好景気が終わったことによる貿易の不振や、天災・飢饉による社会の混乱を東アジアに共通する「一七世紀の危機」と表現し、諸々の政治主体がそれを乗り切るために対外関係の再編と人的移動の統制を行ったことが説明される。江戸幕府による対外関係統制は「のちに「鎖国」とよばれた」と表現され、朝鮮の清への服属や、琉球の日本と明・清への両属といった動きと併せて、東アジアにおける一つの秩序原理に根差すものとして提示されている。日本の独特さを表現する際に、鎖国という歴史的現象はしばしば引き合いに出されるが、そのような人の動きの統制自体が、より上位の位相での秩序を構成するものであったとする認識は、ナショナルな歴史叙述の枠組みの相対化を促すものだといえるだろう。その認識は、国家・国民の単位で捉えられる歴史像とは大きく異なるはずである。

次に、教育的知識の整備の第二の方向性として採り得るのは、歴史を語る際に採用されるナショナルな枠組みの存在を徹底的に意識化することによって、近代以降の人間にとってのナショナルヒストリーの自明性自体を、認識の対象とすることである。自らが知る「歴史」がナショナルヒストリーという語り口によるものであることを知り、いわば「メタ・ナショナルヒストリー」の観点を獲得することによっても、歴史の語り口に起因する社会化の隘路を拓くことができるはずである。

そうした高次からの認識を提示するためには、まず前提として、「ナショナルな枠組みに依拠してものを見ること」の歴史性を、近代史教育のなかに埋め込んでいくことが考えられる。高校までで行われる歴史教育を社会科学教育の一環にあるものと考え、さらに中等教育から高等教育への接続の必要性を考慮するならば、国民国家やナショナリズムを近代の所産とする近代主義的な歴史理解が促されることは、実は不可避の学習課題だといえる。

この点については、たとえば『高等学校学習指導要領』の世界史Bの内容(4)において、「諸地域世界の結合と変容。……産業社会と国民国家の形成：産業革命、フランス革命、アメリカ諸国の独立など、一八世紀後半から一九世紀までのヨーロッパ・アメリカの経済的、政治的変革を扱い、産業社会と国民国家の形成を理解させる」（三六頁）とあることを資源にできる。この文言に沿えば、世界史教育において「産業革命、フランス革命、アメリカ諸国の独立」の学習を行うことには、「イギリス」や「フランス」や「アメリカ」といった個別の国民国家を理解するという意義のみならず、それらが「産業社会と国民国家」という新たな社会の位相を成立させたものであること――すなわち「イギリス」「フランス」「アメリカ」といった腑分けをしながら人間の営みを捉える「国民国家主義」が始まったこと――を理解する意義も含まれることになる。我々の歴史を見る観点がそもそもナショナルな枠組みに依拠していることの対象化は、こうした学習内容において可能である。

第一章において新たな歴史教科書のなかに確認した「フランス革命」についての情報は、まさにこのような考え方に則したものとなっていた。さらにたとえば実教出版の二〇一三年版高校用教科書『世界史B』では、ナショナリズムとは「「国民」「民族」を意味するネイション（nation）を政治の核にすえる考え方や運動」だとする端的な定義を、ウィーン体制の説明の傍らに置き、近代以降のヨーロッパ諸国を理解するための「キーワード」としている（二六二頁）。二〇〇八年刊の旧版には掲載されていなかったナショナリズムについてのこの定義は、次のように続く。

近代ヨーロッパ諸国のように、均質な「国民」が一つの「国家」をつくる「国民国家（nation-state）」形成の運動を「国民主義」と訳し、二〇世紀のアジア・アフリカなど民族自決を求めての植民地独立運動などは「民族主義」と訳すが、原語は同じである。（実教出版『世界史B』二〇一三年版、二六二頁）

ここではナショナリズムが近代以降の概念であることに加えて、「nation」が「国民」とも「民族」とも訳されることについても、その背景に歴史事象や時代状況の性質が存在していることが示されているのである。第一章では、山川出版社の二〇一三年版『詳説世界史B』の記述において、「国家や社会に対する私たちの常識の多くの部分」がある特定の時代の産物であると示唆されるようになったことを指摘したが、実教出版の教科書でのこの記述なども、人間が社会を捉える際に採用する観念自体の歴史性を浮き上がらせる資源になっているといえる。

そして国民国家やナショナリズムに関するこのような近代主義的・構築主義的な歴史の把握を前提とすることで、「メタ・ナショナルヒストリー」の伝達も可能となる。近代以降の歴史学の歴史、あるいは歴史教育を成り立たせる社会制度やメディアの存在を、国民国家の歴史を提示する際の軸の一つとすることで、歴史に語り口があることを対象化することができる。実教出版の二〇一三年版『高校日本史A』などでは、教科書検定制度の存在や教科書採択の社会的影響について言及しているが（一八五頁、一八七頁）、このような情報もまた、教育的知識が社会制度を経由して成立する事実を伝達する資源だといえる。歴史叙述の枠組みに歴史性があること、学校歴史教育がある枠組みを採用してなされていることを伝達することは、後期中等教育段階にも教科書検定制度があり学習指導要領がゆるぎなく存在している日本においては、あるいは「ポスト・ナショナルヒストリー」を伝達することよりも、現実的な意義が大きいといえるかも知れない。

この点について『高等学校学習指導要領』では、世界史Aの内容(3)に「急変する人類社会：科学技術の発達、企業や国家の巨大化、公教育の普及と国民統合、国際的な移民の増加、マスメディアの発達、社会の大衆化と政治や文化の変容などを理解させ、一九世紀後期から二〇世紀前半までの社会の変化について、人類史的視野から考察させる」（三四頁）と掲げている。ナショナルな枠組みに依拠して教育がなされることの歴史性は、この文言に対応する学習内容として取り上げることが可能となる。学習指導要領は国家機関によって提示され、公教育で扱われる教育的知識にある種の統制を加える機能をもつ。しかし他方では、人間が生きる社会が国民社会のみではないことも伝達する必要が生じている。学習指導要領における右記のような情報の提案は、その必要に応ずる位置づけにあるものだと、あえて理解することができる。

第一章で既に確認したように、たとえば東京書籍の『世界史A』は、公教育という社会制度がフランス革命の時に開始されたことを明示し、公教育が国民統合の目的と不即不離に成立した背景を説明するようになっていた。その情報は、近代の教育が「国家」や「国民」なるものの維持存続を可能にさせた制度であり、現在もまた同様の社会制度として我々に対して作用していることを表現するものである。

「マスメディアの発達」「社会の大衆化と政治や文化の変容」と関わる部分についても新たな教科書では、現代人にとっての常識なるものが特定の歴史状況に根差していることに言及する情報が、意識的に採用されているといえる。帝国書院の二〇一三年版『新詳世界史B』では、一九世紀後半の技術の発展の一例として印刷技術を取り上げ、カラー印刷や大量印刷の実現が「安価な大衆向け新聞」の創刊を導いたことを説明する。さらにマスメディアの成立が「初等教育の義務化」「識字率の向上」と重なることで、「マスコミュニケーションで画一的な世論が形成される大衆社会」がもたらされたとする（二二一—二二二頁）。現在まで引き続く近代の社会空間の性質が浮き彫りにされている。

実教出版の二〇一三年版『世界史B』では、メディアの進歩と近代ナショナリズムの形成とをより直接的に結び付けている。出版業の普及が政治的発行物の流通を可能とし、「国民国家形成の最初の段階で、国民としての政治的一体感をつくり出す役割をになった」（二六九頁）とする。政治的一体感としてのナショナリズムが社会的に構築されるとする観点がここでは採用されており、メディアの発達の帰結が続けて以下のように例示される。二〇〇八年刊の旧版には存在しなかった情報である。

しかし、いつしかこの新聞・雑誌の報じる「ニュース」に支配され、メディアの虜になっていた国民は、逆にメディアに操作され、戦争参加のプロパガンダに政治利用されることにもなった。また、新聞・雑誌の商品広告は、人々の消費欲を刺激した。アメリカでは、はやくも一九世紀後半に日常雑貨の通販カタログ販売がはじまり、これらが大量消費社会の出現へとつながっていった。（実教出版『世界史B』二〇一三年版、二六九頁）

ナショナルなものの見方がマスメディアを通して大衆化され、さらにその見方が人間のあり方を拘束するようになったことを説明している。同様の説明図式は一九世紀の欧米文化の隆盛全般に関しても用いられており、文化とナショナリズムとの不即不離の関係が指摘されるのである。多くの教科書が、とりわけロマン主義とナショナリズムとの呼応に力点を置いており、実教出版の二〇一三年版『世界史B』などでは「言語や伝統の中に民族（国民）の精神が宿っている」という考えが、この時代に創発したものであることが指摘される（二八〇—二八一頁）。東京書籍の二〇一三年版『世界史B』でも、「国語を国民性の表現とみたフンボルト」「民話を収集した言語学者グリム兄弟」などが例示されつつ、「ドイツの場合だけでなく、こうした学術研究にも、ナショナリズムやロマン主義という時代の底流は色濃く認められる」（二八〇頁）と、一九世紀ヨーロッパ文化が概説される。

そして近代歴史学の確立もまた同様の動きのなかに位置づけられる。ナショナルな枠組みによる過去の記述が、ロマン主義の影響のもとで成立したことが明示されるのである。

一九世紀にはロマン主義の影響で、歴史学が発達した。厳密な史料批判によって正確な事実をありのままに示そうとする近代歴史学が、ランケらによってはじめられた。法学においても、自然法重視の前代の傾向にかわって、各国民に固有の法の歴史的形成過程を重視する歴史法学が、ドイツのサヴィニーらによって唱えられた。（実教出版『世界史B』二〇一三年版、二八二頁）

第一章では帝国書院の二〇一三年版『新詳世界史B』の記述に、「国民史」という歴史の語り方の歴史的由来についての言及があることを指摘したが、実教出版の世界史教科書においても同様の説明が、二〇〇八年版からの情報を引き継ぎつつ採用されている。ナショナルな枠組みによる歴史叙述の起源とその制度化は、歴史教科書によってこのように自己言及されることとなった。歴史に語り口があること、その一つであるナショナルヒストリーがあえて採用されるようになったことの理解の可能性は、こうした情報の存在によって広がったといえる。

2　沖縄史に関する教育的知識の展開

歴史に語り口があること、また、学校歴史教育がナショナルヒストリーに基づいていることを伝えることから、歴史をめぐる社会的対立や葛藤を対象化し、認識枠を組み直していく余地を引き出し得るというのが、これまでの議論である。ここからは本書で幾度も言及してきた沖縄史に関してそのような思考を可能にする資源を例示し、議論を終えることとしたい。沖縄史に関する教育的知識の展開を見ることとする。(3)

前節では学校歴史教育における語り口の問題を乗り越えていく方向性を、「ポスト・ナショナルヒストリー」と「メタ・ナショナルヒストリー」の二つからたどることとなった。沖縄に関する歴史をこのうちの前者の構想に基づいて表現しようとするならば、国家としての「日本」や、近代社会の原理としての「国民国家」という枠組みに拠らない視座が採用されることになる。そこでは究極的には、現在の「沖縄」という枠組みさえも不明瞭にするような、東アジア地域での人間の交流が描かれることになる。そのための資源になり得る情報が登場していることも、既に確認してきた。

ただしここで留意したいのは、そのように描かれるナショナリズムを越えた歴史像もまた、複数の社会の位相の一つを描くものでしかないという点である。「ポスト・ナショナルヒストリー」の考え方は、人間集団の外縁を国民国家の枠組みを越えて相対的に広く設定し、そのなかでの個別の要素の多様性と全体としてのまとまりを同時に表現しようという構想である。それによって社会の多様な構成要素と人間活動のダイナミズムがより適切に表現される場合には、その歴史の語り口は極めて強い説得力をもつことになる。しかしたとえば「グローバルな社会」として描かれるものも、人間が属する社会の一層である。それ自体が一枚岩的な社会空間であるという想定が前提にされており、その外縁も無限定なものではあり得ない。そこに表現しきれないものを排除する側面は必ず存在するといえる。第三章で見たように、ドイツの歴史、フランスの歴史といった各国史の描き方を越えていこうとする試みが、具体的には「ヨーロッパの歴史」という領域性をもったものになること、また、それが帯びるヨーロッパ中心主義が批判の的となることは、その例である。ポスト・ナショナルな枠組みにもまた限定性があることに気づかれなければ、単層的な社会像が別の形で突出するにすぎないことになる。

たとえば検定歴史教科書が「軍官民共生共死」の考え方を長らく掲げて、沖縄戦下の様々な社会的立場にある人びとを同一の社会空間に属するものであるかのように記述してきたのは、ナショナルな社会空間に絶対的な重要さを与えようとする前提があったからである。対して、ある位相の社会空間での凝集性の困難さ自体を、また別の位相から認識することの重要さを指摘するのが、社会の多層性を考慮に入れた共生についての議論であった。人間が集団を構成する際には、その集団が文字どおりすべての人間を包含することがない以上は、何らかの排他を常に生じさせてしまう。しかしその位相にある不可避の排他性をまた別の位相から捉え直すことが、複数の位相の社会を生きる人間には可能でもある。人間は常にそのようにしてあるものと共に生き、また別のものとは共生しきれずにいることを自覚することができる。そうした考え方に照らせば、ナショナルな認識枠にそれとは異なる認識枠を対置させることの意義は、別なる一層を社会の絶対的な像として上書きすることにではなく、社会のある位相を突出したものとして描くことが生み出す歴史理解の隘路を学びほぐすことにこそあるといえる。「メタ・ナショナルヒストリー」とはこのような構想であり、ある歴史像が帯びる限定性に留意し続けることによって、その像が描かれる際に採用された社会的カテゴリにあくなき更新の契機を与え続けるものである。

近年提示される沖縄史に関する教育的知識は、このような意味で、歴史の語り口の存在に気づかせ、語り口のあいだにある矛盾を際立たせる性質を、結果としてではあるがもち始めたことになる。第一章で確認した「日本史」と「世界史」での琉球・沖縄の取り上げ方の違いがそのことを端的に表現しているといえよう。山川出版社と明成社から発行されている二冊の高校用日本史B教科書では、琉球・沖縄は「日本」というまとまりの一部分として描かれる傾向が強かった。山川出版社の『詳説日本史B』では、二〇一三年版においても「琉球処分」は以下のように記載される。

一八七一年に台湾で琉球漂流民殺害事件が発生した。清国が現地住民の殺傷行為に責任を負わないとしたため、軍人や士族の強硬論におされた政府は、一八七四（明治七）年に台湾に出兵した（台湾出兵・征台の役）。これに対し清国はイギリスの調停もあって、日本の出兵を正当な行動と認め、事実上の賠償金を支払った。ついで一八七九（明治一二）年には、日本政府は琉球藩および琉球王国の廃止と沖縄県の設置を強行した（琉球処分[1]）。

【脚注】①沖縄県として日本領土の一部に組み込まれたが、土地制度・租税制度・地方制度などで旧制度が温存され、衆議院議員選挙が実施されたのも一九一二（大正元）年からであった。本土との経済的格差は大きく、県民所得も全般的に低かったので、本土への出稼ぎや海外移住で流出した人口も少なくなかった。（山川出版社『詳説日本史B』二〇一三年版、二七三頁）

「琉球処分」という出来事が「台湾出兵」の後に据えられるようになったことは、二〇世紀に発行されていた日本史教科書の一般的な説明図式からは更新された点である。そのような配列になったことで、日本の一部としての「沖縄」という社会空間が、近代の産物であることを示すヒントにはなっている。しかしながらそもそも、琉球漂流民の遭難を日本が清を訴追する根拠として扱った点については、疑われることはない。現代の国家・国民の概念を所与とするナショナルヒストリーの論理がここに用いられている。

注釈で言及された「旧制度の温存」についての情報は一九九〇年代までの版には見られなかったものであり、これによって本土と沖縄県の関係を対象化する観点が示されたことにはなる。だがここでの論旨は日本側の制度が遅れて適用されたということであり、琉球・沖縄の側で採用されていた社会制度についての言及はない。記述の対象となっている地域の側に生じた社会空間の二重性は表現されないことになる。国民社会の位相に生じている排他の事実を扱うことは、これのみからではやはり困難である。

そのような「日本史」に比して、「世界史」においては「ナショナルな枠組みによって歴史が叙述されていること」を意識化させる情報が登場していることを、これまで指摘してきた。一八七〇年代においては東アジアにおいてナショナリティなるもの自体が未だ定まらない概念であり、琉球島民や台湾住民の帰属をどのように理解することが可能なのかが問われたことを、東京書籍や山川出版社の世界史B教科書が説明するようになったことは、第一章で見たとおりである。二〇一三年版から刷新された高校用世界史B教科書の他の二冊での「琉球処分」の記述は、以下のようである。

一八七一年、台湾に漂着した琉球島民の殺害事件がおこると、日本はそれを口実に、一八七四年に台湾出兵をおこなった。また、琉球王国の日清両属状態を解消すべく、一八七二年に琉球藩を設け、一八七五年に清への朝貢を断絶させて、一八七九年沖縄県とした。(実教出版『世界史B』二〇一三年版、三二七頁)

明治政府は、富国強兵策を進めるとともに、近隣諸国との関係の調整、領土画定に努力した。一八七一年に清朝と日清修好条規を結んで国交を樹立したが、琉球人が台湾に漂着して殺害された事件を理由に、一八七四年、台湾に出兵した。日本は、琉球と清朝との関係を絶たせ、一八七九年に沖縄県とした（琉球処分）[1]。

【脚注】 ①琉球から沖縄県へ　ペリーは、琉球にも寄港し条約を結んだ。その後、領土画定をめざした明治政府は、琉球側の抵抗を押し切って、清朝への朝貢をやめさせ、一八七九年、琉球を廃止し沖縄県とした。（帝国書院『新詳世界史B』二〇一三年版、二一四―二一五頁）

使役動詞が随所に用いられる世界史教科書においては、日本側と琉球側との関係の非対称性についての示唆が多くなされているといえる。当時において琉球漂流民の遭難が台湾への出兵の「口実」「理由」であったことを表現し、過去と現在の解釈のあいだに距離を置く。むしろ、この時期に「日本」や「清」の境界が近代的な観念として創り出され、「琉球」という社会空間との重なりが整理されたことが説明される。日本史と世界史の教科書はこのように互いの語り口の相容れなさを示しており、逆にまたそのことによって歴史に語り口があることを際立たせているといえる。

最後に、沖縄の側から発信される歴史教育教材の内容に言及しておきたい。歴史に語り口があることを意識化させる傾向はそこにも指摘できる。たとえば、歴史教育の副読本として利用されるべく二〇〇六年に刊行された『沖縄をどう教えるか』は、「沖縄問題を被害・加害の二つの視点からとらえること」を編集の基本方針に含め、その第四章を「沖縄から見た加害の目」とした（『沖縄をどう教えるか』編集委員会編 2006)。章末に収録された授業実践の著者、照屋信治は、歴史教育における「視点としての沖縄史」と「対象としての沖縄史」を別のものとして概念化し、「日本史」では前者が採られるが、地域史としての「琉球・沖縄史」のためには後者が扱われる必要があると指摘する。そして十五年戦争に関しては、アジア圏の人間に対する沖縄の側の加害者性が導入されることによって、「日本国民としての歴史への責任」のみならぬ「沖縄の人間としての責任」が伝達可能となり、むしろそれによって、困難な歴史状況を生きた先人の主体性を表現できるとする（照屋 2006)。人間が生きる社会空間の多重性を表現する叙述が提示されていることに注目できる。

また、一九九四年の刊行以来版を重ねている有名な地域史教材、新城俊昭『高等学校　琉球・沖縄史』にも、同様の意味をもつ展開を見出すことができる。この教材で沖縄戦は、第七章「十五年戦争と沖縄」において二一頁にわたって扱われ、沖縄が戦場になりゆく経緯が、沖縄各地の戦況の詳述とともに説明される（新城 2001:214-234)。

さらにそうした空間的広がりのみならずこの書物が興味深いのは、「アブチラガマ（糸数壕）でなにがおこったのか」「沖縄では軍人以外にどういう人たちが戦闘に参加したのか」「沖縄の人たちは「朝鮮人軍夫」・「朝鮮人慰安婦」をどうみていたのか」といったタイトルが付された囲み記事などによって、同じ事象が異なる立場でどのように経験されたのかを伝える観点が採用されていることである。二〇〇三年発行の『詳説日本史B』が一旦は採用したものの、二〇〇五年度および二〇〇六年度の教科書検定のために縮退することになった、状況の複合的要因を幅広く捕捉する観点がここでは可能な限り展開されているといえる。単に記述の分量が多い少ないといった特徴とは意味が異なる、そこに歴史の複層的な語り口を意識的に採用するという意図を、受け取ることができる。

その意図は、二〇〇七年の歴史教科書論争の後に同じ著者によって刊行された中学生以上向けの『ジュニア版　琉球・沖縄史』や、高校生向けの書き込み教科書である『琉球沖縄の歴史と文化（改訂版）』の記述に、より明瞭に見ることができる。両書における第二次世界大戦の総括部分「沖縄戦の特徴と問題点」では、戦争責任の問題点を分析するに当たって、「沖縄人」「日本人」という社会的カテゴリが同時に用いられ、かつ多重の立場それぞれから理解できることが切り分けられている（新城 2008：262-263, 2010：124）。まさしくある事象に関わる人間の多重性が表現されているといえよう。そのような複合的な観点から見据えられる「責任」は、沖縄、日本本土、アジアの諸々の社会空間に関するものがそれぞれに提示される。沖縄戦の実相や「軍官民共生共死」の捉え方についての議論を経て、このような観点が教育的知識として登場してくることの意味は重い。

こうした提示の仕方が重要であるのは、そこでまずは葛藤を成立させる複数の観点の存在が認識され、かつ、そのいずれかに優越性を認めるのではなく、その対立や矛盾の成り立ちを捉えるに足る高次の視座が得られるからである。そしてその視座は、複数の観点のあいだでの対立や矛盾を生み出すそもそもの社会制度や社会的カテゴリの存在へと思考を導く。そこに変化の可能性が見出されれば、対立や矛盾について、あるいは「自分」と異なる「他者」という存在についても、それまでとは異なる理解を行うことが可能になるだろう。社会的カテゴリの更新の可能性が、ここにおいて生ずることになる。

一方、沖縄県設置後の社会制度に関しても、当然のことながら地域史の教材が様々な情報を提供している。それらは琉球・沖縄の側の社会状況、とりわけ社会制度が二重にある状態がいかなるものであるのかを表現する。たとえば社会教育施設としての博物館の展示を見てみよう。沖縄県立博物館の歴史展示においては、「沖縄の近代」における「沖縄県の形成」を次のように表現する。

沖縄県が誕生した後、混乱を避けるために多くの王国時代の制度が引き続き温存されました。状況の安定をにらみながら改革が行われ、しだいに日本本土と同じ制度が整備されていきました。そのいっぽうで、かつて琉球王国の住民だった人々は、日本人としての意識を持つことを求められるようになります。（沖縄県立博物館・美術館編 2007:61）

博物館には当時の沖縄の生活を伝える展示物が並ぶが、その解説のなかで社会制度について触れられる際に、「混乱を避けるために」という観点が示されることが重要であろう。近代と名指される時代の冒頭において生じた事態は、単純に日本化が進んだ、遅れたという言い方で表現されるものではなく、それが無くなってしまっては混乱が生じてしまうような「多くの王国時代の制度」を生きつつ、それを次第に変化させていくことだったのである。ナショナルな社会の位相に焦点を据え、その広がりをたどるのみの観点からは捉えられない情報を、地域史は提供することになる。

近代的な帰属意識についての言及も重要である。明治以降の日本の国境線が時間の推移に伴って構築されたものであるのと同じ意味で、「かつて琉球王国の住民だった人々」における「日本人としての意識」が構成されたものであることを伝える。そしてそのようなナショナルな意識の成立には、学校教育という社会制度の力が寄与するところが大きい。社会教育施設としての博物館の展示は、その点を強く押し出してもいる。以下は、二〇〇九年一一月時点の沖縄県立博物館常設展の解説パネルの内容である。

教育の普及と同化政策

旧慣はそのまま継続されますが、日本への同化政策の流れのなかで、教育への取り組みが進みました。沖縄師範学校や小学校が設立され、テキストの『沖縄対話』を用いて日本語（普通語）の教育が行われました。教育は同化政策の重要な手段と考えられたからです。後に標準語励行運動は沖縄方言の撲滅運動とセットで推進されました。これに対し、沖縄方言は日本語の大切な一要素として評価する立場からの批判もあり、方言論争が展開されました。

方言札

方言札は沖縄の学校教育や社会教育の現場で、方言を使用した者に与えられていた罰則札です。学校では、方言を使った生徒は方言札を首にかけさせられ、別の生徒が方言を使ったらこれを渡す方法がとられました。日本本土との急進的な一体化をめざす教育のなかで使用された背景があります。

ナショナルな社会空間の創出を、地域史の位相から捉えているのがこうした情報である。学校教育という社会制度がそこで果たしている機能について、検定教科書のなかで自己言及するものは少ないが、逆にそのことが検定教科書によって伝達される教育的知識が独特の性質をもっていることを、照らし返しているといえる。

以上のように、日本史教科書に作用し続ける一定の傾向に対して、世界史教科書や地域史教材における教育的知識の展開は、歴史を語る際に採用される枠組みの存在を意識化させ、近代以降の人間にとってのナショナルヒストリーの自明性を問い直させ始めている。そうした語り口によって「ナショナルな枠組みによって歴史が叙述されていること」が伝達されることで、国家・国民という社会的カテゴリが重要な意味をもつ社会の位相と、その社会的カテゴリを対象化できる位相とが切り分けられつつある。

もっとも二〇〇九年の『高等学校学習指導要領』では日本史教育に関しても、同様の観点が促されている。日本史Bの内容(6)「現代の日本と世界」では、「歴史の論述：社会と個人、世界の中の日本、地域社会の歴史と生活などについて、適切な主題を設定させ、資料を活用して探究し、考えを論述する活動を通して、歴史的な見方や考え方を身に付けさせる」（四一頁）ことがこの科目のまとめとして位置づけられた。その内容の取扱い(2)においては、「様々な資料の特性に着目させ複数の資料の活用を図って、資料に対する批判的な見方を養うとともに、因果関係を考察させたり解釈の多様性に気づかせたりすること」(四二頁)と提示されている。まさしく多層的な社会空間を捉える観点の提案であり、解釈の多様性を重視している点が興味深い。二〇〇三年の学習指導要領の一部改正に際して示された「基準性」の概念――学習指導要領は全国的に一定の教育水準を確保するための基準であり、各学校において必要に応じて学習指導要領に示されていない内容を指導することも可能とする趣旨――は二〇〇九年改訂でも継承されており、各学校は学習者の実情に応じて、そこに示されていること以上の内容を加えて指導できるとされている。その点を踏まえれば、これらの文言は「世界史」や「地域史」の資料を「日本史」に活用する可能性を保障しているといえる。

新たに教育資源とされた共生の概念からは、「人間存在の二重性」や「社会の多層性」を認識し、ある排他の事実を異なる観点から捉え直す志向性が引き出せると指摘してきた。ここで確認した沖縄史に関する教育的知識の展開は、共生概念を教育資源とすることがもたらすそのような作用と親和的だといえよう。学校歴史教育において複層的な語り口が採用されることは、社会的カテゴリの自明性に認識の光を当て、その根拠についての考察を促す契機となり得るからである。

注

(1) ここでのこの議論の初出は、岡本(2009c)である。またこの論文の内容は断片化されたうえで本書の各所に組み込まれている。

（2）ここでのこの発想の初出は、岡本（2008a, 2009a）である。本章前半の内容はこれらの論文を大幅に編集・加筆修正したものである。

（3）本章後半での琉球・沖縄史に関する教科書記述の展開をたどる作業は、岡本（2011c）を基礎として大幅に加筆修正したものである。またこの論文の内容は断片化されたうえで本書の各所に組み込まれている。

おわりに

社会学は現象の記述と解釈に徹する学問だということを学生時代に学び、今もそのように考えている。また、そもそも研究という営みの本分には、規範や誘導の理屈を高らかに掲げることは含まれないとも考えている。本書でもそのつもりで、歴史教科書にまつわる状況についての記述と解釈を重ねることに専心した。それでもとりわけ第五章においては、いわゆる実践的含意なるものを引き出しやすい構成になったかも知れない。あらゆる記述に価値は含まれてしまうものであり、本書においてもそれは避けられなかったことになる。そこで、本書の価値的立場を明らかにするものとして第四章での共生概念の検討が位置づくこととなった。現実的な展開がどうあれ、「共生」を要請しているのが我々の社会である。そのような要請に基づいたうえで、関係する諸々のテキストのあいだに見えるものを解釈するとどのようになるのか——これを問うたのが本書の立場である。共生という観点から歴史を理解したり表現したりするための資源となるものが、現状のどこにどのように存在しているのかを記述したということになる。

それゆえ他方では、日々教育行為に携わる立場の方々にとっては至極当然の議論が連なることにもなったかも知れない。学習指導要領や教科書は既に我々の目の前にあり、共生の概念や新たな知識はそこに含まれている。我々にはそれを活用して日常的に歴史を教え、学ぶことが既にできる。ただ、行為者水準においてある知識が教育資源となることは、それが社会のいかなる構成要素になり得るかという、観察者水準での検討課題を導くものである。とりわけ共生の概念は、そもそも社会の現状を批判しそれを再構成する志向性を含むものであった。それが教育のなかに取り込まれたことの社会的意味は、記述し解釈される必要がある。共生概念に照らして歴史教科書の内容の変化を考察したことには、概ね以上のようなことが動機となっている。

もちろん現実の人間社会では、行為者としての認識と観察者としての認識は容易に混ざり合うものである。人間を観察することで生み出された社会科学の知識は、観察される人間によっても精通され、やがて人間の行為を変化させていくことになる。それが、人間社会を対象にした社会科学の営みと人間社会そのものとの独特の関係性である。研究者と研究対象とを切り離すことができる自然科学の営みとは大きく異なる点である。本書ではこのような社会科学と社会との再帰的関係に留意することによって、ナショナリズムが近代の所産であることを教え学ぶことが、ナショナルな認識枠によって学校歴史教育が営まれていることを知り、さらにまた、我々が認識する歴史がナショナルヒストリーなるものであることを理解する契機となることを論じた。そこに含まれる自然必然性は、現象の記述と解釈の結果として指摘されるものだと述べておきたい。

そしてこのように歴史の認識枠というものが理解されることは、昨今巷間に溢れる歴史認識をめぐる対立に対して、別なる構えを用意していることにもなる。互いに異なる歴史認識をぶつけあう人間集団のあいだでは、仮にある局面での非対称的な力関係によってどちらかの主張が優勢になったとしても、状況に再び変化が生ずれば問題は再燃する。たとえばナショナルな位相での歴史認識の正当性をめぐる問題には、それがナショナルな位相で争われ続ける限り、どれほどの情報を動員したとしても解は無い。だが、歴史に語り口が存在することを対象化できる教育的知識が至極当然のものとして教育の場にある状況においては、ある語り口ではむしろ解には至れない事柄があることを、逆説的に理解することも可能となる。ある語り口で提示される歴史像をめぐってはただせめぎあう覚悟をするしかなくとも、別の語り口で提示される像によっては腑に落ちる事柄があることを理解することも可能となる。歴史認識について、それが人間社会の制度によって構築されるものであり、それゆえに常に暫定的かつ可塑的であると捉えることは、認識どうしの対立に向き合うためのもう一つの構えとなる。

＊　＊　＊

本書で行った歴史教育をめぐる社会的議論の経緯をたどる作業は、筆者の前著である『国民史の変貌』（日本評論社、二〇〇一年）を引き継ぐものである。そこで筆者は、日米両社会で教育される歴史像がより多元的な観点から捉えられる諸情報で構成されるものへと次第に変遷してきたことを論じた。しかしまた一方で、歴史叙述のナショナルな枠組み自体は日米両ケースにおいて損なわれていない点にも着目した。国家・国民単位の歴史の語り口は多元化する情報をいかに制限するのか——本書は、この点についてさらに検討を進めたものである。

また、教育資源としての共生概念を参照しながら歴史教科書問題の構造を検討する作業は、もう一つの前著『歴史教科書にみるアメリカ』（学文社、二〇〇八年）の刊行以降に筆者が関わらせていただいた諸々の研究活動の機会を通じて、継続することができたものである。二〇〇八年九月に開催された日本アメリカ史学会大会のシンポジウム「世界史教育のなかのアメリカ史」、二〇〇九年七月に筑波大学人文社会科学研究科インターファカルティ教育研究イニシアティヴ（ＩＦＥＲＩ）と筑波大学共生教育社会学研究室とで共催されたセミナー「共生をめぐる問題系の確認と展開」、二〇一〇年九月に開催された日本教育社会学会大会のテーマ部会「「共生」と教育の課題」、さらには早稲田大学リスク共有型共生社会研究所において取り組まれた二〇〇九～一一年度の科学研究費助成研究「現代日本のリスク社会化環境における共生社会論のあり方と実践方法に関する実証的研究」（研究代表：和田修一早稲田大学教授）、ならびに二〇〇九年末から二〇一一年にかけて筑波大学教育学系で進められた『共生と希望の教育学』（田中統治筑波大学教授との共編著、筑波大学出版会、二〇一一年）の出版企画などが、その主だったものである。考えを深めるための最良の場を与えていただいたことをここに記して、関係各位に感謝の意を表したい。

本書の内容はしたがって、これらの機会の前後に筆者が発表してきた諸々の論稿を再構成し、加筆・修正を施したものが多くを占めている。具体的な歴史教科書問題の経緯や、比較対象としてのアメリカの事例については、筆者の前二著で扱った事柄を再掲して説明した部分も多くなっていることをお断りしておきたい。論中に付した注釈において該当箇所の発想の初出を明示したが、元の論稿をかなりの程度で断片化したうえで再編集している箇所については、細かな対応関係は示していない。そのように集成される議論が全体として表明する論理を把握できるようにすることに、本書刊行の意図は置かれている。

また本書は直接的には、以下の研究助成の交付を受けた研究活動の成果として位置づく。

・二〇〇八～〇九年度文部科学省科学研究費補助金・若手研究（B）による「文化戦争以降の米国歴史教科書におけるジェンダー概念と社会統合の論理に関する研究」（課題番号：20730527）。

・二〇一〇～一二年度日本学術振興会科学研究費補助金・基盤研究（C）による「歴史教育が採用する語り口の諸類型と教育の社会化機能に照らした効用に関する調査研究」（課題番号：22530905）。

・二〇一三年度日本学術振興会科学研究費補助金・基盤研究（C）による「二〇一〇年代の日米歴史教科書に表現されるナショナリズムと共生概念との接続の理路」（課題番号：25381119）。

本書の内容が税金由来の研究助成に支えられて成立したことをここに記して、感謝申し上げる。人文社会科学の内にある「ナショナルな枠組み」の問題を扱った数多の議論の成果にも、深い敬意を表したい。それら先行者に導かれて本書における探索の課題も定められることとなった。職務の合間の細切れの時間を縒り合わせつつまとめたのが本書であるため、事実や論理の理解において誤認している点もあるかと思われる。是非多くのご批正をいただき、次の思考を鍛錬することを以てお応えしていきたい。

そして、企画当初の予定を超過したにもかかわらず刊行の機会を与えてくださった勁草書房の皆様、わけても、およそ三年にわたる的確な助言を通して本書に形を与えてくださった松野菜穂子氏に、厚く御礼申し上げる。

二〇一三年四月二八日

岡本智周

索　引

ア　行

カ　行

サ　行

タ　行

参考文献

新城俊昭, 2001,『高等学校　琉球・沖縄史（新訂・増補版)』東洋企画.

———, 2008,『ジュニア版　琉球・沖縄史——沖縄をよく知るための歴史教科書』東洋企画.

———, 2010,『高等学校　琉球・沖縄の歴史と文化（改訂版）——書き込み教科書』東洋企画.

Banks, James A., 1994, *Multiethnic Education: Theory and Practice,* 3rd Ed., MA: Allyn and Bacon.

———, 1999, *An Introduction to Multicultural Education,* 2nd Ed., MA: Allyn and Bacon.（= 1999, 平沢安政訳『入門　多文化教育——新しい時代の学校づくり』明石書店.）

Barnhart, Edward N., 1962, "Japanese Internees from Peru," *Pacific Historical Review* 31(2): 169-178.

Bass, Herbert J., George A. Billias, and Emma Jones Lapsansky, 1983, *America and Americans: Volume 2: From Reconstruction to the Present,* NJ: Silver Burdett Company.

Beck, Ulrich, 1986, *Risikogesellschaft: Auf dem Weg in eine andere Moderne,* Frankfurt am Main: Suhrkamp Verlag.（= 1998, 東廉・伊藤美登里訳『危険社会——新しい近代への道』法政大学出版局.）

———, 2002, *Macht und Gegenmacht im globalen Zeitalter: Neue weltpolitische Oekonomie,* Frankfurt am Main: Suhrkamp Verlag.（= 2008, 島村賢一訳『ナショナリズムの超克——グローバル時代の世界政治経済学』NTT出版.）

Beck, Ulrich, Anthony Giddens, and Scott Lash, 1994, *Reflexive Modernization: Politics, Tradition and Aesthetics in the Modern Social Order,* Cambridge: Polity Press.（= 1997, 松尾精文・小幡正敏・叶堂隆三訳『再帰的近代化——近現代における政治、伝統、美的原理』而立書房.）

ベネッセコーポレーション, 2003,『高校生からみた「日本」——ナショナルなものへの感覚（モノグラフ・高校生 vol. 69)』.

Berkin, Carol, Christpher L. Miller, Robert W. Cherny, and James L. Gormly, 2013, *Making America: A History of the United States,* 6th Ed., MA: Wadsworth.

崔勝久・加藤千香子編著，2008,『日本における多文化共生とは何か――在日の経験から』新曜社.

中央教育審議会，2008,「幼稚園、小学校、中学校、高等学校及び特別支援学校の学習指導要領等の改善について」髙階玲治編著『ポイント解説 中教審「学習指導要領の改善」答申』教育開発研究所，141-242.

Civil Liberties Public Education Fund, 1997, *Personal Justice Denied: Report of the Commission on Wartime Relocation and Internment of Civilians,* WA: University of Washington Press.

Davidson, James West, and Michael B. Stoff, 2005, *The American Nation,* NJ: Prentice Hall.

Davidson, James West, William E. Gienapp, Christine Leigh Heyrman, Mark H. Lytle, and Michael B. Stoff, 2005, *Nation of Nations: A Narrative History of the American Republic,* 5th Ed., NY: McGraw-Hill.

Delouche, Fréderic ed., 1992, *Histoire de l'Europe,* Paris: Hachette.（= 1994，木村尚三郎監修・花上克己訳『ヨーロッパの歴史――欧州共通教科書』東京書籍.）

Durkheim, Émile, 1922, *Éducation et sociologie,* Paris: Félix Alcan.（= 1976，佐々木交賢訳『教育と社会学』誠信書房.）

Evans, Ronald W., 2004, *The Social Studies War: What Should We Teach the Children?,* NY: Columbia University.

藤田英典，1993a,「学校文化への接近」木原孝博・武藤孝典・熊谷一乗・藤田英典編著『学校文化の社会学』福村出版，10-35.

――――，1993b,「学校化社会――その意味と構造」宮島喬・藤田英典編著『文化と社会』放送大学教育振興会，75-84.

Giddens, Anthony, 1998, *The Third Way: The Renewal of Social Democracy,* Cambridge: Polity Press.（= 1999，佐和隆光訳『第三の道――効率と公正の新たな同盟』日本経済新聞社.）

――――, 2000, *Runaway World: How Globalization Is Reshaping our Lives,* NY: Routledge.（= 2001，佐和隆光訳『暴走する世界――グローバリゼーションは何をどう変えるのか』ダイヤモンド社.）

Gitlin, Todd, 1995, *The Twilight of Common Dreams: Why America Is*

Wracked by Culture Wars, NY: Henry Holt & Company.（= 2001，疋田三良・向井俊二訳『アメリカの文化戦争――たそがれゆく共通の夢』彩流社.）
Graff, Henry F., 1985, *This Great Nation: A History of the United States,* IL: Riverside Publishing Company.
浜田寿美男，1998，「共生の倫理と教育――共生を求めるとはどういうことか？」佐伯胖・黒崎勲・佐藤学・田中孝彦・浜田寿美男・藤田英典編『岩波講座　現代の教育１　いま教育を問う』岩波書店，215-236.
ハタノ，リリアン・テルミ，2006，「在日ブラジル人を取り巻く「多文化共生」の諸問題」植田晃次・山下仁編著『「共生」の内実――批判的社会言語学からの問いかけ』三元社，55-80.
Hess, Frederick M., and Michael J. Petrilli, 2006, *No Child Left Behind,* NY: Peter Lang.
堀正嗣，1998，「「共に生きる教育」をすべての学校で」佐伯胖・黒崎勲・佐藤学・田中孝彦・浜田寿美男・藤田英典編『岩波講座　現代の教育５　共生の教育』岩波書店，186-207.
保阪正康，2011，『歴史でたどる領土問題の真実――中韓露にどこまで言えるのか』朝日新聞出版.
保阪正康・東郷和彦，2012，『日本の領土問題――北方四島、竹島、尖閣諸島』角川書店.
家永三郎，1965，『教科書検定――教育をゆがめる教育行政』日本評論社.
―――，1968，『太平洋戦争』岩波書店.
―――，1993，『「密室」検定の記録――80年代家永日本史の検定』名著刊行会.
岩渕功一，2010，「多文化社会・日本における〈文化〉の問い」岩渕功一編著『多文化社会の〈文化〉を問う――共生／コミュニティ／メディア』青弓社，9-34.
岩波書店編，2012，『記録・沖縄「集団自決」裁判』岩波書店.
岩下明裕，2005，『北方領土問題――４でも０でも、２でもなく』中央公論新社.
川本隆史，2008，『双書　哲学塾　共生から』岩波書店.
児島邦宏，2008，「「生きる力」の理念の共有をどう考えるか」髙階玲治編著『ポイント解説　中教審「学習指導要領の改善」答申』教育開発研究所，23-25.

国立国会図書館調査及び立法考査局，2010，『持続可能な社会の構築――総合調査報告書』.

近藤孝弘，1993，『ドイツ現代史と国際教科書改善――ポスト国民国家の歴史意識』名古屋大学出版会.

――――，1994，「国際教科書対話の現在――統合ヨーロッパの視点から」『教育学研究』61(3)：271-278.

――――，1998，『国際歴史教科書対話――ヨーロッパにおける「過去」の再編』中央公論社.

共生社会形成促進のための政策研究会，2005a，『「共に生きる新たな結び合い」の提唱（詳細版）』内閣府政策統括官（共生社会政策担当）.

――――，2005b，『「共に生きる新たな結び合い」の提唱（普及版）』内閣府政策統括官（共生社会政策担当）.

Magnuson, Eric, 1997, "Ideological Conflict in American Political Culture: The Discourse of Civil Society and American National Narratives in American History Textbooks," *International Journal of Sociology and Social Policy* 17(6):84-130.

孫崎享，2011，『日本の国境問題――尖閣・竹島・北方領土』筑摩書房.

Maki, Mitchell T., Harry H. L. Kitano, and S. Megan Berthold, 1999, *Achieving the Impossible Dream: How Japanese Americans Obtained Redress,* IL: Univ. of Illinois Press.

丸山眞男，1964，『現代政治の思想と行動［増補版］』未來社.

ましこ・ひでのり，［1997］2003，『イデオロギーとしての「日本」――「国語」「日本史」の知識社会学［増補新版］』三元社.

McNeill, William,［1967］1999, *A World History,* 4th Ed., NY: Oxford University Press.（= 2008，増田義郎・佐々木昭夫訳『世界史　上・下』中央公論新社.）

三重野卓，2008，「共生価値と社会経済システム」三重野卓編著『シリーズ社会政策研究 4　共生社会の理念と実際』東信堂，180-197.

三谷博編著，2007，『リーディングス　日本の教育と社会 6　歴史教科書問題』日本図書センター.

宮寺晃夫・平田諭治・岡本智周，2012，『講座　現代学校教育の高度化 25　学校教育と国民の形成』小島弘道監修，学文社.

Mommsen, Wolfgang J., 1974, *Max Weber und die Deutsche Politik 1890-1920,* Tübingen: J. C. B. Mohr (Paul Siebeck).（= 1993，安世舟・五十

嵐一郎・田中浩訳『マックス・ヴェーバーとドイツ政治 1890～1920 Ⅰ』未來社.）
Moreau, Joseph, 2004, *Schoolbook Nation: Conflicts over American History Textbooks from the Civil War to the Present,* MI: University of Michigan Press.
村上泰亮，1992，『反古典の政治経済学（上）――進歩史観の黄昏』中央公論社.
鍋島祥郎，2003，「共生のための教育は可能か」野口道彦・柏木宏編著『共生社会の創造とＮＰＯ』明石書店，179-202.
Nash, Gary B., Julie Roy Jeffrey, John R. Howe, Peter J. Frederick, Allen F. Davis, Allan M. Winkler, Charlene Mires, and Carla Gardina Pestana, 2011, *The American People: Creating a Nation and a Society,* Concise 7th Ed., Combined Vol., MA: Prentice Hall.
NHK放送文化研究所編，2004，『現代日本人の意識構造［第六版］』日本放送出版協会.
――――編，2010，『現代日本人の意識構造［第七版］』日本放送出版協会.
日本民主党，1955，『教科書問題報告　うれうべき教科書の問題　一・二・三』日本民主党.
野口道彦，2003，「都市共生社会学のすすめ」野口道彦・柏木宏編著『共生社会の創造とNPO』明石書店，17-45.
野口道彦・柏木宏編著，2003，『共生社会の創造とNPO』明石書店.
Norton, Mary Beth, David M. Katzman, David W. Blight, Howard P. Chudacoff, Fredrik Logevall, Beth Bailey, Thomas G. Paterson, and William M. Tuttle, Jr., 2005, *A People and a Nation: A History of the United States,* 7th Ed., MA: Houghton Mifflin Company.
Norton, Mary Beth, Carol Sheriff, David W. Blight, Howard P. Chudacoff, Fredrik Logevall, and Beth Bailey, 2012, *A People and a Nation: A History of the United States,* 9th Ed., MA: Wadsworth.
大江健三郎，1970，『沖縄ノート』岩波書店.
岡本智周，2001，『国民史の変貌――日米歴史教科書とグローバル時代のナショナリズム』日本評論社.
――――，2003，「在米日系人強制収容に対する補償法の変遷――アメリカの国民概念に関する一考察」『社会学評論』54(2): 2-16.
――――，2006a，「多文化教育と日系アメリカ人のナショナルアイデンティ

ティ」『筑波教育学研究』4:47-63.
――――, 2006b,「2000年代の米国歴史教科書に表現される多文化社会の根拠――「国家安全保障」と「市民的自由」に関する記述を事例として」『共生教育学研究』1: 1-13.
――――, 2006c,「共生教育学が目指すこと」『筑波フォーラム』74:127-129.
――――, 2008a,「歴史教科書におけるナショナルヒストリーの隘路と活路――日米の歴史教科書問題を事例として」『アメリカ史研究』31:38-55.
――――, 2008b,『歴史教科書にみるアメリカ――共生社会への道程』学文社.
――――, 2009a,「歴史教科書問題とその「克服」にみる〈ナショナルヒストリー〉の桎梏」『リスク社会化環境における共生社会論――問題系の確認と展開』リスク共有型共生社会研究会, 12-36.
――――, 2009b,「異文化体験から共生という社会的行為へ」『教職研修』449:112-115.
――――, 2009c,「学校歴史教育における語り口の問題」岡本智周・羽田野真帆編著『共生をめぐる問題系の確認と展開――2009年度IFERI共同セミナー』筑波大学共生教育社会学研究室, 53-58.
――――, 2010,「ポストバックラッシュのジェンダー概念にみる教育的知識としての可能性――多文化共生を促す教育的知識の探索」『共生教育学研究』4:101-111.
――――, 2011a,「「共に生きる力」をどう考えるか」『児童心理』926:37-41.
――――, 2011b,「個人化社会で要請される〈共に生きる力〉」岡本智周・田中統治編著『共生と希望の教育学』筑波大学出版会, 30-41.
――――, 2011c,「沖縄史をめぐる教育的知識の展開」岡本智周・田中統治編著『共生と希望の教育学』筑波大学出版会, 306-317.
――――, 2011d,「後期近代と、教育資源としての共生概念」『教育と文化』64:50-59.
――――, 2012,「共生社会意識とナショナリズムの構造」『社会学年誌』53:17-32.
Okamoto, Tomochika, 2008, "Reflexive Historiography in Postwar Japan's World History Textbooks,"『共生教育学研究』3:1-13.
沖縄県立博物館・美術館編, 2007,『博物館展示ガイド』沖縄県立博物館・

美術館.
『沖縄をどう教えるか』編集委員会編，2006，『沖縄をどう教えるか』解放出版社.
小野達也，2008，「共生社会の構想と指標体系――内閣府の試みについて」三重野卓編著『シリーズ社会政策研究4　共生社会の理念と実際』東信堂，5-41.
大沼保昭，2001，「日本の戦争責任と戦後責任」『国際問題』501号.（再録：三谷博編著，2007，『リーディングス　日本の教育と社会6　歴史教科書問題』日本図書センター，72-90.）
大嶽秀夫，1996，『戦後日本のイデオロギー対立』三一書房.
尾関周二，2007，「共生理念と共生型持続社会への基本視点」矢口芳生・尾関周二編著『共生社会システム学序説――持続可能な社会へのビジョン』青木書店，10-45.
下條正男，2004，『竹島は日韓どちらのものか』文藝春秋.
Sleeter, Christine E., and Carl A. Grant, 1991, "Race, Class, Gender, and Disability in Current Textbooks," Michael W. Apple and Linda K. Christian-Smith eds., *The Politics of the Textbook,* NY: Routledge, 78-110.
———, 2008, *Making Choices for Multicultural Education: Five Approaches to Race, Class, and Gender,* 6th ed., NJ: John Wiley & Sons.
Symcox, Linda, 2002, *Whose History?: The Struggle for National Standards in American Classrooms,* NY: Columbia University.
照屋信治，2006，「沖縄における平和教育のあり方――「加害者的視点」の導入」『沖縄をどう教えるか』編集委員会編『沖縄をどう教えるか』解放出版社，134-138.
Tiedt, Pamela L., and Iris M. Tiedt, 1999, *Multicultural Teaching: A Handbook of Activities, Information, and Resources,* 5th Ed., MA: Allyn and Bacon.
東郷和彦，2011，『北方領土交渉秘録――失われた五度の機会』新潮社.
徳武敏夫，1995，『教科書の戦後史』新日本出版社.
豊下楢彦，2012，『「尖閣問題」とは何か』岩波書店.
植田晃次，1996，「「ことばの魔術」の落とし穴――消費される「共生」」植田晃次・山下仁編著『「共生」の内実――批判的社会言語学からの問いかけ』三元社，29-53.

参考文献

上野千鶴子，［1998］2012，『ナショナリズムとジェンダー［新版］』岩波書店．

和田春樹，2012，『領土問題をどう解決するか――対立から対話へ』平凡社．

山口節郎，2002，『現代社会のゆらぎとリスク』新曜社．

著者略歴

1971年生まれ
2001年　早稲田大学大学院文学研究科社会学専攻博士後期課程修了
　　　　博士（文学）
現　在　筑波大学人間系（大学院人間総合科学研究科）准教授
主　著　『国民史の変貌――日米歴史教科書とグローバル時代のナショナリズム』（日本評論社，2001年，第１回日本教育社会学会奨励賞），『歴史教科書にみるアメリカ――共生社会への道程』（学文社，2008年），『共生と希望の教育学』（共編著，筑波大学出版会，2011年），『学校教育と国民の形成』（共著，学文社，2012年）

共生社会とナショナルヒストリー　歴史教科書の視点から

2013年７月17日　第１版第１刷発行

著　者　岡《おか》　本《もと》　智《とも》　周《ちか》

発行者　井　村　寿　人

発行所　株式会社　勁《けい》　草《そう》　書　房

112-0005 東京都文京区水道2-1-1　振替 00150-2-175253
（編集）電話 03-3815-5277／FAX 03-3814-6968
（営業）電話 03-3814-6861／FAX 03-3814-6854
堀内印刷所・青木製本所

ISBN978-4-326-65382-9　　Printed in Japan

額賀美紗子　越境する日本人家族と教育　「グローバル型能力」育成の葛藤　A5判　四八三〇円

北澤　毅 編　文化としての涙　感情経験の社会学的探究　A5判　三一五〇円

今田絵里香　「少女」の社会史　A5判　三四六五円

元森絵里子　「子ども」語りの社会学　近現代日本における教育言説の歴史　A5判　三三六〇円

田辺俊介 編著　外国人へのまなざしと政治意識　社会調査で読み解く日本のナショナリズム　四六判　二六二五円

本田由紀　「家庭教育」の隘路　子育てに強迫される母親たち　四六判　二一〇〇円

乙部由子　女性のキャリア継続　正規と非正規のはざまで　A5判　二九四〇円

牧野智和　自己啓発の時代　「自己」の文化社会学的探究　四六判　三〇四五円

石田光規　孤立の社会学　無縁社会の処方箋　四六判　二九四〇円

＊表示価格は二〇一三年七月現在。消費税は含まれております。